Icons 知人

胶囊式传记 记取一个天才的灵魂

VIRGINIA WOOLF
IRA NADEL

弗吉尼亚·伍尔夫

〔加拿大〕埃拉·纳德尔 著　郁青 译

上海文艺出版社

献给安

目录

缩略词表   001

序曲   001

1 海德公园门 22 号

   1882—1904 年   017

2 戈登广场 46 号

   1904—1907 年   055

3 菲茨罗伊广场 29 号

   1907—1911 年   085

4 不伦瑞克广场 38 号

   1911—1915 年   101

5 里士满天堂路34号霍加斯宅

　　1915—1924年　　　　　　　　　127

6 塔维斯托克广场52号

　　1924—1939年　　　　　　　　　161

7 蒙克屋 I

　　1919—1937年　　　　　　　　　201

8 蒙克屋 II

　　1938—1941年　　　　　　　　　215

终曲　　　　　　　　　　　　　　　243

参考书目　　　　　　　　　　　　　247
致谢　　　　　　　　　　　　　　　255
图片鸣谢　　　　　　　　　　　　　257

缩略词表

BA 《幕间》(1941年),弗兰克·克默德 编(牛津大学出版社,2008年)

D 《弗吉尼亚·伍尔夫日记》五卷本,安妮·奥莉维亚·贝尔、安德鲁·麦克尼利 编(圣地亚哥,加利福尼亚,1977—1984年)

JR 《雅各的房间》(1922年),凯特·弗林特 编(牛津大学出版社,2008)

LETT 《弗吉尼亚·伍尔夫书信》六卷本,奈杰尔·尼科尔森、乔安妮·特劳特曼 编(圣地亚哥,加利福尼亚,1975—1980年)

MD 《达洛维夫人》(1925年),大卫·布拉德肖 编,新版(牛津大学出版社,2000年)

OR 《奥兰多》(1928年),雷切尔·鲍尔比 编(牛津大学出版社,2008年)

RM 《一间自己的房间》(1929年)(彼德伯勒,安大略,2001年)

TL 《到灯塔去》(1927年),大卫·布拉德肖 编(牛津大学出版社,2006年)

VO 《远航》(1915年),洛娜·塞奇 编(牛津大学出版社,2009年)

W 《海浪》(1931年),吉莉安·比尔 编(牛津大学出版社,2008年)

Y 《岁月》(1937年),赫敏·李 编(牛津大学出版社,2009年)

序曲

"被抛入海中……这想法让人产生莫名的快感。"

弗吉尼亚·伍尔夫,《远航》

1912年5月3日,在伦纳德·伍尔夫(Leonard Woolf)的陪同下,30岁的弗吉尼亚·斯蒂芬(Virginia Stephen)来到位于白金汉门59号的伦敦苏格兰大厅,此处离白金汉宫不远。泰坦尼克号沉船事件的听证会在这里召开,当天是此次听证的首日,弗吉尼亚·斯蒂芬是来旁听的。他们俩一起步入一个宽敞的、带玻璃屋顶、阳光充足的会议厅,这里布置得像个法庭,一排排座位正对讲台。褐红色的帷幕前,默西勋爵(Lord Mersey)和他的陪审员们坐在那儿。然而糟糕的音响效果,令听证会的问答难以让人听清,被质询的人只能坐到陪审员和证人们跟前。在证人席后方摆放了一艘长达6米(20英尺)的泰坦尼克号船模和一幅大西洋北部的地图。前排座位挤满了各路记者，剩下的座位和两边的过道是留给来旁听的观众的。第一位证人阿奇·朱厄尔（Archie Jewell）是船上的瞭望员，他详细介绍了他在船上的日常工作。第二位证人约瑟夫·史萨洛特（Joseph Scarrott）是一位身形健壮的海员，负责第 14 号救生艇。他绘声绘色地讲述了船的沉没，以及后来发生的一些事情。

一周前，伦纳德·伍尔夫为了留在伦敦追求弗吉尼亚·斯蒂芬，刚刚推辞了一份派往锡兰担任公职的差事。1月时，伦纳德曾向她求过一次婚，她没有点头。此时她依然心存顾虑。她很希望能旁听泰坦尼克号的听证会。听证会历时 36 天，取得了 97 位目击者的证词。虽然只到场聆听了一天的听证，但她一直关注媒体上的相关报道，例如迪夫-戈登夫人（Lady Duff-Gordon）、科斯莫斯爵士（Sir Cosmos，据称他花钱给自己搞到了救生艇上的一个位置）、布鲁斯·伊斯梅（Bruce Ismay，白星邮轮公司总经理）和欧内斯特·沙克尔顿爵士（Sir Ernest Shackleton，南极探险家）等人的陈述。1912 年 7 月 30 日，报纸刊登了最终结果，伍尔夫对事件真相和生命的逝去十分在意。

这幕人间惨剧吸引了年轻的弗吉尼亚·伍尔夫关注的目光，令她对灾难陷入了深思。1912 年 4 月，当时海难刚发生不久，调查听证尚未开始，她在给一位朋友的信中说，她想撰文对此次海难做一个完整的记录。在这封信里，还有一处奇特的细节，她写道：沉没的船只到达海中某个特定的深度后,不再下沉,"而是悬浮在那里,并且保持着完美的水平姿态"。(LETT, I, 495)显而易见,真实的沉船早已是沉入海底的一堆残骸。悬浮的沉船意象是伍尔夫头脑中想象的产物,体现了其精神状态、创作生涯与往昔记忆里那些创伤性事件引发的内心压抑,这三者之间存在着某种脆弱的平衡:出人意料的是,这一方面导致伍尔夫精神状态不稳定,另一方面也给她带来创新的动力。这不足为奇,她的第一部小说《远航》就是航海题材,女主人公最后临死时产生了溺水的幻觉。1941年3月28日,弗吉尼亚·伍尔夫溺水自杀身亡。

纵观弗吉尼亚·伍尔夫的人生和写作历程,水是永恒的主题,反复出现,与她难舍难分。在追忆童年生活和姐姐瓦妮莎[1]时,她写道:"吾等飘零于世间,犹如泛舟于沧海。"更早些时候,在1899年,她曾以半开玩笑的口吻记述了在一次划船时遭遇倾覆的经历。她与同船的两个伙伴落水后,家里人为此担惊受怕。这篇名为《鸭塘惨案》的文章,以报刊文体写成,她用十分生动的文字描述了人在濒临淹死时的状态。1904年,该文还增补了一篇附录,据说是由其中一个落水的孩子写的。在她的书信中,伍尔夫经常将水世界与自己的精神状态加以联系。1926年,她写

---

[1] 瓦妮莎·贝尔(1879—1961),英国画家。(译者注)

给维塔·萨克维尔-韦斯特[1]（Vita Sackville-West）的信中写道："关于惊涛骇浪，我写得不多，你可能无从了解。还有地狱般的深渊，我好些天都在其中上下挣扎。"（LETT, III, 237）在《到灯塔去》中，普鲁发现"很难分清哪儿是大海，哪里是陆地"。（TL, 103）这部小说发表两年之后，她在日记中写道："我像一片浮云掠过海浪。"（D, III, 218）有一天经过特拉法加广场（Trafalgar Square），看到有庆祝"救生艇节"的歌舞表演，她驻足观看，这个细节被她记录下来。1922年圣诞节那天，在写给年轻作家吉拉尔德·布瑞南（Gerald Brenan）的信中，她做了一番自我评价和思考：

> "有的事我明明能够做好，但为什么有时候总要限制自己……我感觉，总是被人们不停地拖来拖去，从狭小的安全地带被拖走，卷入旋涡，最后下沉。"（LETT, II, 600）

担心沉入水中，这种恐惧驱使她写作，然而也给她带来对生活的焦虑。

伍尔夫的人生如同一次航程，起点是爱德华七世后期的海德公园门（Hyde Park Gate），第一站是现代而神秘的

---

[1] 维塔·萨克维尔-韦斯特（1892—1962），英国作家、诗人、园艺家。1927年和1933年连续获得两届霍桑登奖（Hawthornden）。（译者注）

布卢姆斯伯里(Bloomsbury)世界,下一站是里士满(Richmond)的霍加斯宅(Hogarth House),最后是苏塞克斯郡(Sussex)的蒙克屋(Monk's House)。然而在每个阶段,伍尔夫始终心神不宁地悬浮在水面之下,与她对泰坦尼克号的种种想法相呼应,正如一位评论家所说:"将维多利亚时代后期和爱德华七世时期的深渊意象推向了顶点。"此事根源在于伍尔夫精神状态的持续不稳定,在参加泰坦尼克号的听证会之前两天,她向伦纳德描述了这种情形。1912年5月1日,她告诉伦纳德:"在一瞬间,我毫无理由地感觉到身体从热变冷了。除此之外,纯粹的体力消耗和劳累也影响了我。"(LETT,I,496)然而她也意识到,正如她在散文《我们应当怎样读书》中所说:"我们通过感觉来认知;在没有充分利用它之前,我们不能压抑自己的天性。"

如何来解读弗吉尼亚·伍尔夫的一生以及她的作品,是这本评传的写作目的,我们将检视伍尔夫个人与作家身份的构成性因素,当她从海德公园门封闭的空间出发,来到位于戈登广场(Gordon Square)的开放的、具有自由精神的布卢姆斯伯里,然后从充满创新精神的霍加斯宅和霍加斯出版社,来到混合着避难和焦虑情绪的蒙克屋。她关注的历史、叙事、艺术、友谊,以及她的小说的实验性,将是本书的兴趣所在。

书中,每一章将首先介绍一个地方,然后探讨涉及这一时期和伍尔夫曾生活过的地方的一到两部作品。正如伍尔夫后来在一篇谈及济慈（Keats）和卡莱尔（Carlyle）故居的文章中所说："我们通过他们的房屋了解他们。"她补充道，艺术家会在他们生活过的地方留下印记，他们拥有"一种将桌子、椅子、窗帘和地毯融入自己形象的能力"。

家庭和记忆开创了伍尔夫的叙事，然而也始终是导致她精神崩溃的重要问题。（从13岁到33岁，她暴发了四次精神崩溃，第五次崩溃发生在她59岁时。）她对性的态度，不确定的社会观和政治观，（她是一个激进分子？一个社会主义者？一个势利小人？抑或一个普通人？）她与伦纳德·伍尔夫婚姻的性质，她与维塔·萨克维尔-韦斯特的关系，她剖析自己精神状态时所承受的痛苦等，都是可以研究的课题。完成一部作品后，她从来没有满意过，而是满腹焦虑与忧愁，她常常认为自己是个失败者。我们将进一步探讨伍尔夫的小说写作技巧，以及她从阅读其他作家的作品所学到的技能，以下这段文字就是她阅读屠格涅夫的作品所感：

> "如果我们想要描写一个夏夜，可以采用如下方式：让几个人物在一个房间里聊天，背对着窗口，随后当他们正谈到其他什么人时，其中的一位女子半转过头说了声'多好的一个夜晚啊'。"

1902年7月,弗吉尼亚·伍尔夫,由乔治·查尔斯·贝雷斯福德拍摄

泰坦尼克号沉没两年之后,伍尔夫创作了《远航》,小说叙述了女孩雷切尔·温雷克从英格兰到南美洲的旅行经历。女主人公开始了一次航程,但没有回来。在小说中,理查德告诉雷切尔:"我们是多么孤独的冰山,……我们交流得多么有限!"(VO,79)这暗示了白星航运公司那艘巨型邮轮的悲剧命运。小说结尾,雷切尔因为精神失常产生

了一种溺水的幻觉,这一情节或许是由于伍尔夫受到泰坦尼克号上那些落水死难者的影响写下的,也奇妙地预示了多年后她自己的死亡。但在这一次幻觉中,溺水带来的并不是死亡,而是一种保护性的撤退。"当所有给她痛苦的人都认为她死了的时候,她却没有死,她在海底蜷缩了起来。"(VO, 398)这段文字间接地呼应了凯特·萧邦(Kate Chopin)的小说《觉醒》(1899年)的结尾,女主人公埃德娜·庞德烈感受到来自大海的诱惑,溺水是对充满挑战与忧愁的生活的一种解脱。我们读道:"港湾中的海水,在她面前伸展,闪烁着太阳的万千霞光。波涛声不绝于耳,让人怦然心动,时而水声潺潺,时而喧闹嘈杂,时而喃喃低语,像是在邀请人的灵魂徜徉于孤独的深渊之中。"她赤身裸体站在海滩上,缓步走入水中,"大海的触碰,……温柔、亲密地拥抱她的躯体"。小说最后一段开头是:"她眺望远方,昔日的恐惧在那一瞬间浮上心头,随后又隐没了。"[1]

比《远航》更早谈及水和死亡主题的伍尔夫的作品是《蛇纹石》。这篇故事登载在1903年她自办的期刊上,描写了那年9月在海德公园周围的湖泊中,有人发现了一具女性自杀者的尸体。写作此文时,伍尔夫21岁,它预言了大约三十年后她自己的举动。伍尔夫详细描述了这起被媒体

---

[1] 凯特·萧邦的《觉醒》第113、114页,玛格丽特·卡利编(纽约,1976年)。与伍尔夫一样,凯特·萧邦的导师和朋友主要是女性。

报道过的事件，设想这位女子的生活，她尤其关注到这起案件里的一个细节，在该女子衣服内侧缝了一张便条，上面写着："本人无父无母，没有工作。"在《一间自己的房间》中，伍尔夫杜撰了莎士比亚有个叫朱迪亚的妹妹，拥有与她声名显赫的兄长同样的天赋，但最终沉沦，她根本不可能在剧院出人头地，因为她是一位女性。

1926年6月，弗吉尼亚·伍尔夫在嘉辛顿的花园里读书，奥托琳·莫雷尔夫人拍摄

终其一生，水是一个隐喻，也是一种恐惧。每当完成一部作品，她总是担心无法再创作了，马上又着手计划另一部新作，因为害怕溺水。"让我保持漂浮的唯一方式就是工作……一旦停止工作，我会感觉自己正在向下沉，沉下去。像往常一样，如果我再往下沉的话，我感觉将触及到真理。"(D, III, 235)沉入水中淹死，既是伍尔夫恐惧的一个主要来源，出人意料的是，也是她的自救途径。坐在写字台旁边，她解释说：

"我让自己像个潜水者那样下沉，小心翼翼地来到昨天我写的最后一个句子的地方。随后过了大约二十分钟，也许更长时间，我看到海底有一道光线在悄悄地靠近。因为一个人所写的词句，我们只能去接近它，正如用一张网向海中的珍珠撒去，可珍珠却消失了。"(LETT, IV, 223)

在《回忆随笔》（写于1939年夏）中，提到她同母异父的姐姐斯特拉时，她评价道：

"现在，好似一条深邃的河流那缓缓流动的河面，只有风平浪静时，过去才会回归。有人能透过河面看到水流深处……当现在有了过去作为坚强后盾，将会深邃上千倍。现在，如果你贴近观察它，什么也看不到，正如照相机里的胶片，只能呈现眼前的事物。"

抵达深处是伍尔夫的目标。

从一开始,伍尔夫的文学目标就是摒弃从维多利亚时代到爱德华七世时代流行的自鸣得意的风格。在《到灯塔去》中,莉莉·布里斯科(Lily Briscoe)描述了她所抗拒又想追寻的这一愿望:"美丽的画面。美丽的言辞。但是她想要抓住的,就是那对于神经的刺激,就是那事物本身,要在它被变成任何别的事物之前抓住它。"(TL,158)对于伍尔夫而言,这是一位作家(尤其是女性作家)存在的理由。然而作品中"对于神经的刺激"这一表述或许也暗示了伍尔夫本人的精神病,这或多或少是因为在她13岁那年,母亲过世引发她患上了风湿热导致的。与此同时,这给她带来了写作的动力,也促使她塑造出一系列性格活泼、独立自主的女性形象,从《夜与日》中的凯瑟琳·希尔贝里(Katharine Hilbery)到达洛维夫人(Mrs Dalloway),还有《到灯塔去》中的拉姆齐夫人(Mrs Ramsay),《岁月》中的埃莉诺·帕吉特(Eleanor Pargiter),《幕间》中的拉特鲁布小姐(Miss La Trobe),以及奥兰多(Orlando)等。

然而疑问依然存在:伍尔夫的精神病到底是促进还是阻碍了她的写作?这个问题的答案(抑或存在多个答案),必然是复杂的。她的病因部分是由于在较短时间内数位亲人的去世。她的母亲,同母异父的姐姐斯特拉,她的父亲和哥哥,在她还不到24岁时都相继离世。而同母异父的哥哥杰拉德性侵了她。另外，父亲第一次婚姻带来的姐姐劳拉，在1891年被送入精神病院。艺术是她面对困境的一种方式，但也谈不上总是能战胜这些挫折。正如她后来写道："与往常一样，只有当平静的生活被打破时，我才打算去写作关于死亡的话题。"(D, III, 167)

写作对于伍尔夫来说是一种治疗方式，除了探讨这一课题，本书接下来的几章将着眼于她对地点的运用与依赖，如"一间自己的房间"反复出现的价值。这一标题来自1928年她在剑桥大学所做的系列讲座。从孩提时代起，伍尔夫就懂得创造力与地点之间的关系。她早年曾前往圣艾夫斯岛（St Ives）的塔兰德屋（Talland House）过暑假，这段记忆后来被她用小说的形式写入《到灯塔去》。这只是她众多重要记忆中的一个例子。她总是在寻找一处空间，可以供她去思考，去游历，然后将之写入作品。对地点的关注，不仅为其创作贡献了必需的背景，而且也提供了其作品赖以存在的物质和心理空间。在《文学地理学》一文中，伍尔夫解释道：对作家来说，地点是"他脑海中的一块专属领地"，它可比什么砖头灰泥要真切多了。在她最初那部小说的开头，她强调了空间和地点这一新领域的重要性。《远航》开篇描写了伦敦及其街道，从斯特兰德大街到泰晤士河堤岸这片街区，还包含一些暗示其闭塞的生动词句，因为这些街道"本来很狭窄，所以在这里走路最好不要相互挽着胳膊"。(VO, 3) 然而当男女主人公的居住地址出现,便与伍尔夫产生了联系,也勾勒出她本人的形象。她让自己融入这些地方,以此不断地确认自己的身份,同时也让自己扎根于此并获得成长。那年5月她参加了泰坦尼克号事件的听证会。巧合的是,不久发生了另一件改变伍尔夫人生的重大事件:1912年5月30日,她接受了伦纳德的求婚。8月10日,两人结婚,新娘30岁,新郎31岁。

即使在电话盛行的年代,伍尔夫的创作依然高产,留下了大量的书信、日记、日志、散文和回忆录。伍尔夫传记最好的作者是其本人:她写有六卷书信,三十八年的日记(出版有五卷本的日记选,第六卷收录了她早年的日志),还有六卷散文。她的小说也包括了很多自传性元素。她的父亲莱斯利·斯蒂芬(Leslie Stephen)爵士[1]是19世纪最重要的保守派文人之一,而她却跻身最反传统、具有国际声誉的作家之列,研讨这种转变历程本身是个十分吸引人的课题,值得我们反复书写。而且关于伍尔夫生平的文献资料数量惊人,一些细枝末节的材料都能找到,例如她曾聆听过一场伦敦室内音乐会,当时演出的四重奏节目单依然保留着。她的生活究竟如何形成,并最终崩溃,需要我们去审视,这有助于我们理解她成长为一位艺术家的轨迹。正如伍尔夫本人指出:一本成功的传记"记录的不

---

[1] 莱斯利·斯蒂芬(1832—1904),英国作家、批评家、历史学家、传记作家和登山家。(译者注)

仅是发生过的事情,而且包括改变传主人生的事件"。[1]

在弗吉尼亚·斯蒂芬的童年时代,曾到访过她家的客人有:詹姆斯·拉塞尔·洛威尔(James Russell Lowell,也是她的教父),托马斯·哈代(Thomas Hardy),约翰·阿丁顿·西蒙兹(John Addington Symonds),亨利·詹姆斯(Henry James)等。后来,她结识了 T. S. 艾略特[2](T. S. Eliot)、叶芝(W. B. Yeats)、凯瑟琳·曼斯菲尔德[3](Katherine Mansfield)、丽贝卡·韦斯特(Rebecca West)和西格蒙德·弗洛伊德(Sigmund Freud),并与他们成为朋友。在 1928 年 11 月的一篇日记中,伍尔夫明确表示:"我准备阅读普鲁斯特的作品",而且真的看了。(D, III, 209)另外,我们有必要从心理学层面来理解她的艺术和个人需求。在给一位友人的信中,伍尔夫说她的大脑"经受了最猛烈的情感洪流冲刷。究竟会如何?我并不知晓。它已经被唤醒,将变得更快乐,还是更痛苦呢?我真的不晓得"。(LETT, III, 245)对她而言,写作已经不仅仅是治愈疾病

---

[1] 摘自弗吉尼亚·伍尔夫的《斯托普福德·布鲁克》,参见《弗吉尼亚·伍尔夫随笔》第二卷第 184 页。此文最初发表于 1917 年 11 月 29 日的《泰晤士报文学副刊》。但正如她在《奥兰多》中所写,"人生的真正长度……永远是有争议的话题",这篇评论在某种程度上是针对她父亲主编的《英国名人传记辞典》的刻板结构(《奥兰多》第 291 页)。
[2] T. S. 艾略特(1888—1965),英国诗人、剧作家和文学批评家,诗歌现代派运动领袖。代表作品有《荒原》《四个四重奏》等。(译者注)
[3] 凯瑟琳·曼斯菲尔德(1888—1923),短篇小说家,文化女性主义者,新西兰文学的奠基人,被誉为一百多年来新西兰最有影响的作家之一。著名作品有《花园酒会》《幸福》和《在海湾》等。(译者注)

的灵丹妙药,"思绪一旦活跃起来,便无法停歇。我一边散步一边构思文章的措辞;一旦坐下来,我又想象着小说中的场景;总之,这是我所知晓的最大的欢乐"。(D,Ⅲ,161)

1 海德公园门 22 号
1882—1904 年

> 在我们生命中留下最深刻痕迹的是我们各自的家庭,它甚至比"婚姻、死亡和分离"更令人印象深刻,因此一个人自传的各个章节应该是由他生活在不同家庭中的不同时期决定的。
>
> 伦纳德·伍尔夫,《重新开始》(1964 年)

艾德琳·弗吉尼亚·斯蒂芬出生于 1882 年 1 月 25 日。同一年,詹姆斯·乔伊斯(James Joyce)、温德姆·刘易斯(Wyndham Lewis)和 A. A. 米尔恩(A. A. Milne),还有富兰克林·罗斯福(Franklin D. Roosevel)、梅兰妮·克莱茵(Melanie Klein)、塞缪尔·高德温(Samuel Goldwyn),以及伊戈尔·斯特拉文斯基(Igor Stravinsky)也来到了这个世界。巴勃罗·毕加索比他们早一年出生,约翰·梅纳德·凯恩斯[1](John

---

[1] 约翰·梅纳德·凯恩斯(1883—1946),英国经济学家,现代经济学最有影响的经济学家之一,被后人称为"宏观经济学之父"。(译者注)

Maynard Keynes）比他们晚一年出生。也是这一年，查尔斯·达尔文（Charles Darwin）、安东尼·特罗洛普（Anthony Trollope）和但丁·加百利·罗塞蒂（Dante Gabriel Rossetti）辞世，标志着一个时代的结束。同年，奥斯卡·王尔德（Oscar Wilde）到美国作第一次巡回讲学，一次暗杀维多利亚女王的图谋失败（在其统治期间，她曾遇袭七次，这是最后一次），都柏林发生凤凰公园（Phoenix Park）暗杀事件，瓦格纳（Wagner）的歌剧《帕西法尔》在巴伐利亚的拜罗伊特剧院（Bayreuth）首次公演，柴可夫斯基的《1812序曲》在莫斯科首演。

位于宫门（Palace Gate）和皇后门（Queen's Gate）之间的肯辛顿路（Kensington Road）旁边有一条死胡同，弗吉尼亚·斯蒂芬就出生在这里，她的父亲是莱斯利·斯蒂芬爵士，母亲叫做朱莉娅·达克沃思·斯蒂芬（Julia Duckworth Stephen）。海德公园门22号的位置接近于这条死胡同的尽头，日后温斯顿·丘吉尔（Winston Churchil）也把家安在这条死胡同的28号，雅各·爱泼斯坦爵士（Sir Jacob Epstein）的家是18号。肯辛顿有点像家族聚居的村落，因为莱斯利·斯蒂芬于1832年出生在海德公园门42号，后来1875年，在他的第一任妻子米妮·萨克莱（Minny Thackeray）死后不久，斯蒂芬就搬到海德公园南门11号（即后来的海德公园门20号）。莱斯利与米妮·萨克莱育有一女，名叫劳拉·斯蒂芬（Laura Stephen），她患有精神疾病。朱莉娅·普林塞普·达克沃思是个寡妇,她的丈夫赫伯特·达克沃思(Herbert Duckworth)死于 1870 年,她居住在海德公园门 13 号。朱莉娅守寡八年、莱斯利鳏居三年后,两人于 1878 年结婚,莱斯利比他的第二任妻子大十五岁。1878 年 3 月,他们定居在海德公园门 13 号,后来门牌号重新编排,1884 年这里成为海德公园门 22 号。

斯蒂芬家的房子很高,室内狭窄昏暗。达克沃思和斯蒂芬两家人混居在一起,包括劳拉·斯蒂芬和朱莉娅与前夫的三个孩子——乔治(George)、斯特拉和杰拉德(Gerald),这意味着即使在他们夫妻俩又生了四个孩子之前,他们已经算是个大家庭了。四个共同的孩子中,有两个是计划内生的,即 1879 年出生的瓦妮莎(Vanessa)和 1880 年出生的索比(Thoby);作为"计划外"的孩子,弗吉尼亚于 1882 年来到世间,艾德里安(Adrian)于 1883 年前来报到。夫妻俩加起来共有八个孩子,就像《到灯塔去》里的拉姆齐(Ramsay)夫妇那样。

海德公园门的顶头连着交通繁忙的肯辛顿路,肯辛顿路往西就变成了肯辛顿大街,这条马路面对着肯辛顿公园。海德公园门 22 号是一座拥有荷兰式尖顶的建筑,它的顶上又加盖了两层,背后延伸出一间餐厅。宅子里还有许多形状奇特的小房间,设计方案是弗吉尼亚的母亲为了节省设计师费用自己想出来的,这意味着六七个仆人挤在一个只有一个浴室和三个抽水马桶的家里。地下室给厨娘苏菲·

法雷尔（Sophie Farrell）和其他仆人住。在莱斯利·斯蒂芬死后，苏菲·法雷尔随伍尔夫先后搬去戈登广场（Gordon Square）46号和菲茨罗伊广场（Fitzroy Square）29号。一楼作为一家人的起居室和餐厅。莱斯利和朱莉娅夫妻的卧室在二楼，紧邻一间育儿室。三楼的三间卧室分别给乔治、斯特拉和杰拉德住。四楼是一个全天候的育儿室，给斯蒂芬家的孩子们长大些后使用。顶层有个面积很大又通风的房间，是莱斯利的书房兼工作室。房子的尖顶，也就是屋顶下面的阁楼，是仆人们破旧不堪的卧室所在地。现如今，这所住宅被分割成六套公寓，大门入口处左侧的墙上挂着三个蓝色标牌，由上往下依次写着：莱斯利·斯蒂芬爵士、瓦妮莎·贝尔和弗吉尼亚·伍尔夫。

斯蒂芬家三姐妹：瓦妮莎、斯特拉·达克沃思（同母异父的姐姐）和弗吉尼亚，1896年

这所住宅的装饰色调暗沉，窗户上挂着厚重的维多利亚式窗帘。住宅里没有通电，大多数房间只能通过日光、烛光或灯光来照明。齐本德尔式家具；家族成员的画像；门厅立着一个柜子，上面摆着银盘，名曰"名片存放处"；每天傍晚围聚在茶桌旁是斯蒂芬一家人日常礼仪的一部分。朱莉娅·斯蒂芬给家具盖上红色的天鹅绒布，把木制品漆成带细金纹的黑色，后来又改成树莓色——《雅各的房间》里雅各的住所也具有这种特点。房子里有许多镶着深红色天鹅绒框的半身雕像以及深色的油画像。一条厚厚的五叶地锦图案的窗帘高挂在客厅的窗户后面，挡住了来自外面的视线。房子前面的街道特别安静，因为它是条死胡同，但是八个孩子、夫妻俩和一大群仆人在屋内吵吵嚷嚷。尽管室内光线昏暗，有时候倒也算得上是一户温暖的人家，父亲会亲切地称呼瓦妮莎和弗吉尼亚为"妮莎"和"吉尼亚"。

斯蒂芬家有一个亮点是音乐：朱莉娅·斯蒂芬会弹钢琴，1902年他们家拥有了一架自动钢琴，经常在晚饭后演奏，这让孩子们很高兴。(LETT, I, 57) 他们家有个熟人，时常来串门，他就是皇家音乐学院（Royal College of Music）的院长休伯特·帕里爵士（Sir Hubert Parry），他来的次数不亚于法国音乐家阿诺德·多尔梅奇（Arnold Dolmetsch，埃兹拉·庞德的一位朋友），后者教弗吉尼亚同母异父的姐姐斯特拉·达克沃思拉小提琴。弗吉尼亚和瓦妮莎学习弹钢琴,上歌唱课,但是弗吉尼亚早年曾说自己对音乐不感兴趣。随着年龄渐长,她开始意识到男人和女人在音乐教育上的不同待遇,1920年她在随笔《知识女性的社会地位》一文中,批判这种不平等对待。后来她在一封信里特别指出,她年轻时管弦乐团中一个女性成员都没有,这似乎因为对女性存在偏见,她们接受到专业音乐教育的机会很有限。她与作曲家埃塞尔·史密斯(Ethel Smyth)交往甚密,这很可能形成了她的理念。1940年弗

海德公园门22号

吉尼亚·伍尔夫在一封信中写道:"在我落笔之前,我总是把要写的作品想象成音乐。"虽然她以"我不经常听音乐"(LETT,VI,426)作为这段评论的开场白。20世纪初,她出席歌剧院和音乐会的次数增多,到1907年,她一个礼拜会看三四次演出。

斯蒂芬姐弟们(左起,艾德里安、索比、瓦妮莎和弗吉尼亚)与狗,在圣艾夫斯瞭望台度假期间,1892年

她在海德公园门形成的生活方式,在当今已经不复存在,也是伍尔夫在1904年父亲去世后将要舍弃的东西。但是在她人生的前二十二年,正式的社交活动——每天晚上七点半穿戴整齐出席八点钟的晚宴——尤其是陪客人,成为生活的重心。伍尔夫在《回忆随笔》中描写了在肯辛顿的童年时代:"知书达理,信札往来,相互拜访,这才是19世纪晚期的世界。"这个家庭大体上可划分为女人和男

人两个区域。孩子们都住在楼上的全天候育儿室里,但是这种分隔通常缺乏私密性,尤其是对于青春期的孩子来说显而易见。父亲的书房就在头顶上,他们经常听见父亲边写作边大声地畅所欲言,甚至父亲的书本掉落的声音穿透地板在耳边回响。父亲的书房很大,收藏有许多英国和欧洲的文学名著;他本人的三卷本著作《在图书馆的时间》(1892年),还有他的书信体回忆录《陵墓之书》,记录了他阅读的书籍和藏书。可这不是一个封闭的空间,他十分

莱斯利和朱莉娅·斯蒂芬正在读书,11岁的女儿弗吉尼亚·斯蒂芬望着自己的父母,1893年。瓦妮莎·斯蒂芬拍摄于海德公园门家中。

乐意为求知欲强的女儿吉尼亚开放他的圣殿。

回忆起自己的青少年时期,伍尔夫写道,她的早年生活被分裂为两大空间,"一个是室内的客厅和育儿室,另一个是肯辛顿的花园"。生活并不充斥着"各种事件",而是"秩序井然,极其简单而有规律"。令海德公园门的年轻人激动万分的是,弗吉尼亚、索比和瓦妮莎兄妹合伙创办了《海德公园门新闻周刊》。每周一早上,这份报纸赫然摆放在母亲的早餐盘里。周刊从1891年2月9日开办到1895年4月,在朱莉娅·斯蒂芬死后不久停止发行。刚开始它是由兄妹们合办,但是渐渐地几乎完全变成弗吉尼亚负责。刊载的文章和故事从模仿报纸杂志到"简单的幼儿字母表"都有。看到母亲开心地读她编写的故事,伍尔夫心中的喜悦之情难以抑制。

在《回忆随笔》中,她承认母亲在生前和死后都"纠缠"她:"我能听见她的声音,看见她,在我每天做事时会想象着她会做什么或者说什么。"母亲是一种"无形的存在",几乎没有离开过她,直到她44岁那年创作《到灯塔去》。在伍尔夫能够在小说中表达自己内心深处的情感之前,若是把她的童年比作一座大教堂的话,母亲处在"大教堂的正中心"。重要的是,伍尔夫把她的母亲和住所联系在一起:"她就是全部;塔兰德屋里充满她的身影;海德公园门处处都有她的存在。"她是家庭生活的中心,不停地忙碌,家里人头攒动。

在经历第一次婚姻丧偶之后,莱斯利·斯蒂芬已经成为公认的著名评论家、作家和登山家,他在一封信中首次向朱莉娅·达克沃思求婚。她很快便拒绝了他,但是有一天晚上,为了向她请教关于他大女儿劳拉的事,他和她共进晚餐,当他离开时,她送他到门口,说她将会努力成为一个好妻子。接下来的十七年,她做到了。

但是所有这一切在 1895 年 5 月 5 日发生了改变,朱莉娅·斯蒂芬离开了人世,时年 49 岁。突然之间,沉默、平静和哀伤袭来,悲痛成为海德公园门的新调子。的确,用来回复慰问信的信纸有着很粗的黑色边框,只剩下很小的地方可以书写。这个家里不再有聚会。关于丧母之痛,伍尔夫在《回忆随笔》里写道,它不是让人难过,而是使她的母亲"变得不真实;使我们变得严肃,变得难为情。我们被迫扮演没有体验过的角色"。举止必须表现得哀伤和悲痛的丧葬习俗压制了他们的真实情感。

伍尔夫青少年时期还遭遇了其他亲人的亡故,尤其是她同母异父的姐姐斯特拉·达克沃斯在 1897 年去世,她父亲在 1904 年过世,接着她哥哥索比在 1906 年也离世了。每当母亲不在家时,斯特拉照顾着斯蒂芬一家老小,母亲死后,斯特拉很快承担起家庭的责任,一边经营和掌管这个家,一边想方设法安慰她的父亲。孩提时,斯特拉就对她的母亲言听计从,讽刺的是她母亲对她却很严厉,在一定程度上是因为她俩太像了。伍尔夫称,"她们彼此间是太阳和月亮：我母亲肯定是太阳，斯特拉是反射光和卫星"。斯特拉得不到母亲的宠爱，相反，母亲把爱全集中在她的哥哥乔治身上。但是斯特拉毫无怨言，大公无私，她很快担当起母亲的角色。

伍尔夫对她的两个异父哥哥乔治和杰拉德，没有对斯特拉那么同情，她用"迟钝又普通"来形容他们。斯特拉小时候患过风湿热，这可能有些影响她后来的学习能力，

弗吉尼亚（左）和瓦妮莎·斯蒂芬正在打板球，圣艾夫斯，1894 年

但没有影响到她照顾斯蒂芬一家,包括去探望劳拉·斯蒂芬,后者可能患有精神病,当时已经被送到收容机构;尽管在19世纪80年代,劳拉就和生活在海德公园门22号的家人分开住了。1906年,斯蒂芬家的四个孩子把海德公园门22号的房子抵押后,筹集了489英镑用于支付劳拉的生活费用。在母亲去世后伍尔夫精神崩溃期间,斯特拉也承担起照顾她的责任。

斯特拉曾有不少追求者,但是她起初拒绝了律师杰克·希尔思(Jack Hills)的求婚,杰克是斯蒂芬家多年的家庭律师,这导致两个家庭出现严重裂痕。伍尔夫把婚前关系比作最高级别的外交谈判。杰克·希尔思是朱莉娅·普林赛普·斯蒂芬的学生,他在19世纪90年代曾向斯特拉·达克沃思求婚,遭到拒绝。在朱莉娅·斯蒂芬去世后,他再一次求婚,斯特拉最终同意了。斯特拉和杰克的婚礼于1897年4月10日举行,瓦妮莎和弗吉尼亚担任伴娘。但是同年7月,在意大利度蜜月的他们却提前回来,斯特拉由于妊娠并发腹膜炎死于海德公园门27号。《到灯塔去》里的普鲁·拉姆齐(Prue Ramsay)的原型就是斯特拉,她的意外早逝与斯特拉的突然死亡如出一辙。伍尔夫再次感到死亡的气息围绕着她。

斯特拉死后,瓦妮莎和弗吉尼亚安慰杰克,可是杰克却指责莱斯利·斯蒂芬出于嫉妒延迟他们的婚礼。这期间,瓦妮莎和杰克变得亲密起来,他们好像是陷入了爱河。可是在当时的英格兰，一个男人娶亡妻的妹妹是不合法的，这件风流韵事不久后偃旗息鼓。伍尔夫在《回忆随笔》中写道，斯特拉和杰克的订婚让她"第一次看到了男女之间的爱……它对我来说就像一颗红宝石……发着红色的光芒，清澈又热情如火"。杰克是一位乡绅，写过几本有关钓鱼的书，当了多年律师后，他在1906年至1922年担任国会议员，1925年再次当选。斯特拉死后，杰克依旧看望伍尔夫，在伍尔夫1907年搬到铺有绿色地毯、挂着"红色中国式窗帘"的菲茨罗伊广场29号的家之后（第三章将会谈到），他成为第一个跟她公开谈论性的男人。

在她的父亲生病之前，伍尔夫和姐姐是在家里接受教育的，母亲朱莉娅担任她们的家庭教师，而父亲教她们数学却以失败告终。当瓦妮莎去艺术学校上课时，伍尔夫就一个人留在家中，学习希腊语，写日记，或者从父亲丰富的藏书中阅读经典名著。瓦妮莎在家时，她们会共度时光，但是斯特拉死后，女当家的重担落在了瓦妮莎头上。突然之间，瓦妮莎不得不每天早上安排仆人，管理家庭账目，还要负责维持家庭的正常运转。她很不愿意承担这些责任，用沉默和甩脸子反对父亲的严厉。然而在经常安慰杰克的过程中，她爱上了他，可法律和达克沃思兄弟将这一切画上了句号。

由于紧张和缺乏安全感，伍尔夫不得不适应她姐姐那些自作主张的决定。因此，她经常在日记中寻求慰藉。从

1897年她14岁开始,她的日记都编了条目,直到1941年她59岁自杀前四天为止。总共有38册手写日记,构成她最长的作品,这一篇篇短文是通向她小说的大门。在小时候,她亲自把日记本装订好,放进木箱子,关于1903年的日记,她不仅整理好章节,还作了目录表。五卷日记集中的第一卷于1977年出版,接下来的四卷分期出版,直到1984年。1990年第六卷也是最后一卷——《炽烈的艺徒:早年日记》(1897—1909年)问世。[1] 这些日记集反映了三个成长阶段:1897年到1918年是早期实验性的日记;1919年到1929年是一组"现代主义日记";最后是1930年至1941年的日记,这个时期伍尔夫几乎是在不停的创作和忧虑中度过。在她第一次写日记之前的那段时间里,伍尔夫通过阅读别人的日记自学成才,她从沃尔特·司各特爵士(Sir Walter Scott)和范妮·伯尼(Fanny Burney)的日记开始入手。在同母异父的姐姐斯特拉结婚之前,她读了塞缪尔·佩皮斯(Samuel Pepys)的《日记》,称这是"家里唯一让人平静的东西"。21岁时,她读了詹姆斯·鲍斯威尔(James Boswell)的《赫布里底群岛旅游日志》(1785年)。在她的一生中,她经常谈论这些人的日记。她

---

[1] 最新研究表明,伍尔夫阐述她的审美观,并非是在1908年的一篇有关意大利的日记中,而是更早在1899年所谓的《沃博伊斯日记》里。(沃博伊斯是当时亨廷顿郡的一个村庄,斯蒂芬和他的孩子们曾在那里消夏。)参见芭芭拉·朗斯伯里的《成为弗吉尼亚·伍尔夫:她的早期日记及她读过的日记》(佛罗里达州盖恩斯维尔,2014年)第2页。

也写关于别人日记、日志或者散文的评论文章,并把日记当作一种文学形式来对待[1]。重要的是,伍尔夫所读的日记几乎有三分之一是女人写的,这些成为她了解女性生活的一个必不可少的来源。玛丽·柯勒律治(Mary Coleridge)和玛丽·塞顿·贝瑞(Mary Seton Berry)等人的日记,对伍尔夫的影响尤为重要,因为她们是女权主义的积极呼吁者。害羞而又神经质的小伍尔夫发现,其他渴望成为作家的女孩们对自己的才能和社会地位也持有类似的困惑,但是她们只能私底下在日记里倾诉这些想法。

斯特拉之死造成的影响是,斯蒂芬家的四个孩子团结起来,他们是索比(他比弗吉尼亚大两岁,是一位天生的艺术家)、艾德里安、瓦妮莎和弗吉尼亚。兄弟姊妹之间的关系更加亲密了,他们用手足情谊构成一道屏障,抵御即将降临到一家人头上的厄运与死亡。他们的关系形成的纽带,造就了伍尔夫在以后的人生中对待友谊的模式;她在一定程度上学习效仿了索比"懂得欣赏朋友的杰出能力"。随后1904年2月22日,莱斯利·斯蒂芬在家中去世,他的离世同样是一次令人心碎的经历,再次让孩子们团结在一起。伍尔夫认为她的父亲"执拗、严厉,又依赖他的妻子",在朱莉娅死后,她父亲陷入长期的悲痛之中:他不大

---

[1] 朗斯伯里列出一长串伍尔夫研读过的日记作者名单,从爱默生、托尔斯泰、契诃夫到比阿特丽斯·韦伯和凯瑟琳·曼斯菲尔德。参见芭芭拉·朗斯伯里的《成为弗吉尼亚·伍尔夫:她的早期日记及她读过的日记》第3—4页。

开口，但无论何时说话，结束时总是叹口气。确切地说，他表现出一副孤独、被遗弃、不幸福的老男人姿态，表情忧伤，占有欲强，甚至妒忌年轻男子，比如杰克·希尔思。他生性自私，故意推迟斯特拉的婚礼，当斯特拉告知他，她和希尔思结婚后不会住在海德公园门 22 号时，他大发雷霆，尽管这对小夫妻只是搬到了 27 号。莱斯利·斯蒂芬之前在感情上完全依赖于他的妻子，后来又将之转嫁到他的孩子们身上。他 72 岁那年死于胃癌。《回忆随笔》中，伍尔夫在总结她母亲一生的那段文章的末尾，讲述了她父亲处于何种状态，"当我们来到大厅时，他摇摇摆摆地走出卧室，我张开双臂想去扶他，可是他却与我擦肩而过……心烦意乱的"。她永远不会忘记那一刻。大概一天之后，她被带往帕丁顿（Paddington），见到了哥哥索比，后者从克里弗顿学院（Clifton College）返回家中参加葬礼。克里弗顿学院是一所位于布里斯托市（Bristol）的公立学校，罗杰·弗莱[1]（Roger Fry）也在此就读过。回想起耀眼的阳光穿过车站的玻璃屋顶，与海德公园门被窗帘遮住的暗沉沉的房间形成鲜明对比，伍尔夫内心的悲戚才得到些许安慰。

在回忆录的同一段文字里，伍尔夫提到了一个类似的时刻，当时她和姐姐瓦妮莎待在家附近的肯辛顿花园里，

---

[1] 罗杰·弗莱（1866—1934），英国形式主义批评家，西方现代主义美术的开山鼻祖。英国著名艺术史家和美学家，20 世纪最伟大的艺术批评家之一。著有《贝利尼》（1899）、《视觉与设计》（1920）、《变形》（1926）、《塞尚及其画风的发展》（1927）等。（译者注）

她坐在草地上读诗歌,第一次读懂了诗:"我对语言文字有了一种通透的感觉,它们不再是一个个字眼,而是变得如此强烈,似乎想让人去体验它们。"但是随着母亲的去世,一片乌云降落到他们先前活跃的家庭生活的头顶上。"帕丁顿车站尽头玻璃屋顶发出的炫目光芒"消失了,取而代之的是一种笼罩在"沉重心情阴霾之下"的"被禁锢起来、悲伤、严肃、真实"的生活。不见天日的生活就此开始,将持续大约九年之久。

然而伍尔夫继承了父亲勤奋、果断、酷爱读书与写作的秉性。和父亲一样,她的创作是从成为一位新闻工作者(或者更加准确地说是一位评论家和随笔作家)起步的,她发表的第一篇作品刊登在1904年的《卫报周刊》上。但莱斯利也是一个敏感又严厉的人,这两种对立的性格交织在一起,经常产生冲突。莱斯利对失败的感觉和自怨自艾,令小伍尔夫很痛苦,她后来也像他一样缺乏自信。然而,他意识到她真正懂得欣赏文学并对写作怀有好奇心,这使他对她很亲近。他们经常绕着蛇形湖[1]长时间地散步。后来,伍尔夫继承了父亲的这个习惯,喜欢步行穿过伦敦的大街小巷,经常每天散步两小时。1932年伍尔夫在《泰晤士报》上发表了一篇纪念莱斯利诞辰一百周年的文章,把她父亲描绘成一个招人喜欢又慷慨大方的人,强调他的聪

---

[1] 伦敦海德公园中的湖。(译者注)

明才智,说自己走上文学之路,得非常感激父亲让她从 15 岁起就可以自由出入他的书房。

莱斯利的死让伍尔夫遭遇了她迄今为止最严重的精神崩溃。在她父亲生命的最后两年中,伍尔夫实际上是他唯一的亲密伙伴。当看护给她父亲提供医疗服务的时候,她每天都会抽空坐在他身边,他耳朵虽然聋了,却不妨碍两人之间的相互理解。瓦妮莎不在家,她大部分时间到艺术学校学习或拜访朋友们;索比和艾德里安在剑桥大学求学;而乔治和杰拉德·达克沃思则忙于他们的事业。莱斯利死后第四天,伍尔夫领到一张伦敦图书馆的终身会员证——从 1892 年直至去世,莱斯利一直担任该馆馆长——也许这也印证了他对伍尔夫在文学上具有深远的影响。当她小时候被带到图书馆时,伍尔夫对父亲说,她看到的所有肖像都是男人的。当她在诸如《一间自己的房间》等作品里谈论女性在公共领域里的地位时,她还记得这些画像。早在 1903 年 11 月,莱斯利身体很虚弱时,他给伍尔夫口述他的《陵墓之书》的最后几页,这本自传是在 1895 年朱莉娅·斯蒂芬死后不久开始撰写的。

从朱莉娅死后到他自己去世这段时间,莱斯利·斯蒂芬主宰着女儿们的生活。1928 年伍尔夫在那篇有名的、谈及父亲去世的日记中描述道:"他的离去或许完全扼杀了我的生活。那将会是什么样的局面?没有写作,没有藏书——简直不可思议。"(D,III,208)然而,伍尔夫在

1924年对一位朋友说:"我们斯蒂芬一家人都不随和,尤其是当这个家庭日渐没落、趋向衰微时——如此冷冰冰,如此苛刻,如此挑剔,这样的味道。"(LETT, III, 92 - 3)在《回忆随笔》里,她还提到她、姐姐与两个哥哥的关系,"对我们来说,仿佛置身于半个世纪前的社会中。正是这个奇怪的事实使我们的冲突变得如此痛苦,如此强烈。"她和姐姐"假如生活在1910年的话,那他们俩(指两个同母异父的哥哥)则生活在1860年"。

瓦妮莎对海德公园门的看法不像她妹妹那样阴暗或强烈;伍尔夫往往把它跟人的生理联想在一起,她时常称二楼的卧室是"这个家的性欲中心、生育中心和死亡中心"。这不是一个大房间,"如果给墙面拍下照片的话,你就会发现这间屋子的墙壁必定是湿透的"。1905年1月30日,伍尔夫与玛格丽特·达克沃思(Margaret Duckworth)共进午餐后故地重游,她在日记里写道,她以前的房间"是那么奇怪,墨迹斑斑,书架还是原来的样子。这儿我住过那么久,里面的每一个痕迹和涂鸦,我都能写出它的来历"。她在《老布卢姆斯伯里》中写道,"这个地方似乎与情感纠缠在一起",暗示着她将在《到灯塔去》里探讨空间和一个家庭。瓦妮莎的回忆录和她妹妹的类似。瓦妮莎在1941年之前写的《1897年后在海德公园门的生活》和1951年开始写的《布卢姆斯伯里笔记》中,重复了伍尔夫的观点,但伍尔夫提供的是一个幽闭恐怖症患者近乎发自肺腑的感觉,而瓦妮莎更多的是提供了一个油画技巧中的明暗对比法视角。她用一双艺术家的眼睛观察绣着五叶地锦图案的厚重窗帘从客厅的窗子上方垂下来,挡住了光线。房子本身看上去显得死气沉沉,因为黑漆家具和晦暗的蓝色墙面吸收了所有光线。

对伍尔夫来说,父亲的去世是她写作生涯的一次解放,她离开了受维多利亚时代种种禁锢的海德公园门,来到了风气开化、无拘无束的戈登广场46号——不太体面的布卢姆斯伯里区。但在她还未能适应这次重大变化之前,伍尔夫遭遇了第二次精神病发作,从1904年5月开始,她当时22岁。她最初接受的是乔治·萨维奇医生(Dr George Savage)的治疗,后者著有《精神错乱及相关神经症》(1884年)一书,后来她去了维奥莱特·迪金森(Violet Dickinson,斯特拉·达克沃思的朋友)位于伯纳姆森林(Burnham Wood)的家里,待了差不多三个月。在这期间,她第一次试着跳窗自杀。早在十年前,索比在克里夫顿也曾想跳窗自杀。

伍尔夫当时正在建立全新且至关重要的朋友关系,来取代海德公园门22号紧张兮兮的家庭人际关系。其中最重要的就是与维奥莱特·迪金森的结交,后者比伍尔夫年长十七岁,据说身高1.88米(6英尺2英寸),她可能在1897年认识了伍尔夫。她是出了名的慷慨大方,乐善好施(包括资助女精神病患者),却又不修边幅。作为一名贵格会教徒，她乐于助人，尤其是那些遭受到社会不公平对待的妇女。1902年她开始与伍尔夫通信，她阅历丰富、乐观务实，化解了伍尔夫因常住海德公园门而产生的愁闷，后来她和伍尔夫曾一起去威尼斯、佛罗伦萨和巴黎度假。《友谊长廊》(1907年)是伍尔夫为迪金森写的一本"仿传"，部分反映了她们之间的依恋。随着莱斯利·斯蒂芬的身体日渐衰弱，伍尔夫每天写信给迪金森，汇报父亲的健康状况。在父亲死后，伍尔夫愈发亲近迪金森，迪金森也对伍尔夫的文学天赋深信不疑。不久之后，她把伍尔夫介绍给玛格丽特·利特尔顿（Margaret Lyttelton），后者是《卫报》副刊女性专栏的编辑，随后她向伍尔夫约稿，撰写一篇关于夏洛蒂·勃朗特的文章。然而，伍尔夫在该报发表的第一篇文章却是有关一部社会史著作的评论，接着在1904年12月14日又发表了一篇关于W. D. 豪威尔斯（W. D. Howells）《罗亚尔·朗布瑞斯之子》(*The Son of Royal Langbrith*)的评论。关于勃朗特姐妹的文章《豪渥斯，1904年11月》在1904年12月21日发表。

迪金森成为伍尔夫最亲密的朋友之一。在迪金森的心目中，伍尔夫的地位仅次于凯特·格里纳韦（Kate Greenaway）。凯特·格里纳韦[1]是一位童书插画家，在

---

[1] 凯特·格里纳韦（1846—1901）是英国维多利亚时代最有影响力的童书插画家，曾为《鹅妈妈》《在窗下》《花之语》等多部儿童读物作插图。为纪念她而设立的"凯特·格里纳韦奖"，现在已成为世界插画界最重要的奖项之一。（译者注）

1901年去世。伍尔夫读了M. H.斯皮尔曼（M. H. Spielman）写的《格里纳韦传》之后，感到非常妒忌，于是她写给迪金森的书信突然变得更加情绪化。这本传记还强调，格里纳韦一直害怕失去她的朋友，这种情绪也转移到了伍尔夫身上。1906年，迪金森和伍尔夫，还有瓦妮莎一起去希腊旅行，在那里遇到了艾德里安和索比·斯蒂芬。迪金森继续资助伍尔夫，她也珍惜来自迪金森的不断鼓励。伍尔夫25岁生日是与迪金森在伯纳姆森林一起度过的。大概在这个时候，伍尔夫已经准备好为迪金森写仿传，并在当年8月，将之赠送给她。传记用紫罗兰色墨水打印——这种颜色类似于J.埃尔班牌（J. Herbin）的紫罗兰墨水，也可能是华特曼牌（Waterman）的紫罗兰墨水——还装订了紫罗兰色的皮革封面。伍尔夫一生保持着用紫罗兰色或紫色墨水写作的习惯，这是对迪金森、迪金森对她作品的影响以及两人将近四十二年友谊的一种致敬，尽管随着岁月的流逝，这份友情也在逐渐淡去。

后来，伍尔夫在1913年完成第一部小说《远航》之后，她给迪金森写了一封热情洋溢的书信。自从她1912年嫁给伦纳德之后，她俩就很少见面了。事实上，她们之间的依恋大约在1908年左右开始消退。据记载，在伍尔夫自杀前，她销毁了多年以来迪金森写给她的全部信件，留下了那个悬而未决的问题：她和迪金森早年的亲密关系究竟如何。重要的是，迪金森保留了伍尔夫写给她的所有信件。

然而，就像对后来的维塔·萨克维尔-韦斯特和埃塞尔·史密斯一样，伍尔夫在迪金森身上寻求某种母爱，那是自她13岁母亲死后，她生命中所缺失的东西。这三个女人，再加上姐姐瓦妮莎，成为她珍爱的女性知己，她和这些女人的友谊将影响她未来的作品。

伍尔夫早期另一个重要的女性朋友是马奇·西蒙兹（Madge Symonds，即后来的沃恩），她生性活泼，是约翰·阿丁顿·西蒙兹（John Addington Symonds）的女儿。西蒙兹比伍尔夫年长十三岁，是第一个知晓伍尔夫有文学抱负的人，也是《达洛维夫人》中萨莉·塞顿（Sally Seton）的原型。伍尔夫称她是一位"富有见解，感情丰沛，勤学好问"的女人，显然是迷恋上了她。（LETT, I, xviii, 88）还有一个朋友是珍妮特·凯斯（Janet Case），伍尔夫从1902年到1903年跟着她学习希腊语，她也成为伍尔夫一生的挚友（伍尔夫刚开始跟着克拉拉·佩特学习希腊语，她是沃尔特·佩特[1]的姐姐）。最初介绍伍尔夫去学希腊语的是索比，后来伍尔夫一生都赞美这种语言是一扇通往古典文化的大门。1907年她写道："我在早上写作，然后读品达的诗歌。"而艾德里安则"用钢琴阐述瓦格纳"。（LETT, I, 308）《远航》里，达洛维夫人在一场关于艺术与政治的辩

---

[1] 沃尔特·佩特（Walter Pater, 1839—1894），英国著名文艺批评家、作家。他是19世纪末提倡"为艺术而艺术"的英国唯美主义运动的理论家和代表人物。代表作：小说《享乐主义者马利乌斯》，评论集《文艺复兴》。（译者注）

论中说,她永远忘不了在剑桥看过的一部作品《安提戈涅》。"你不觉得它是你读过的最现代的故事吗?"她问雷德利·安布罗斯(Ridley Ambrose)。在这部小说中,雷德利·安布罗斯为了编纂品达诗选外出旅行(他以前是剑桥大学教师,后居住在伦敦,从事古典文学的编辑工作)。当帕波先生引用《安提戈涅》第二合唱歌中的六句希腊语台词作答时,达洛维夫人咬咬嘴唇,接着说:"我花十年时间学会了希腊语。"(VO, 44)雷德利回答说:"我能在半小时之内教会你字母表,不出一个月你就能读荷马了。"(VO, 45)达洛维夫人想象自己坐在伦敦家中的会客厅里,"把一本柏拉图的书摊开在膝盖上的情景——真正原版希腊文的柏拉图",(VO, 45)当她在船舱里睡着后,她梦见"巨大的希腊语字母在屋子里大摇大摆地走"。(VO, 53)醒来后,她从这些字母又联想到隔壁船舱里熟睡的现实中的人们。《岁月》中,爱德华·帕吉特(Edward Pargiter)在牛津读《安提戈涅》(他在那会儿把表妹基蒂幻想成既是安提戈涅又是他表妹),而在小说的最后,诺斯·帕吉特(North Pargiter)又与叔叔爱德华重逢,后者在编辑索福克勒斯的作品。(Y, 49, 50, 385)

《雅各的房间》屡次赞美这些希腊人,当杜兰特(Durrant)和雅各沿着哈佛斯多克山(Haverstock Hill)往下走时,杜兰特说道:"说到底,当你在嘴巴里把世界上所有的文学都过了一遍以后……只有希腊文学余味无穷。"

(JR, 101)恰当地说,雅各游历希腊,在乡村和雅典都待了一段时间,小说后半部分都在或明或暗地提到希腊:"雅各……在海德公园的地上画帕台农神庙的平面图,至少是一些交叉的线条,可能是帕台农,也可能是数学的图解。"(JR, 236)有时希腊会让人联想到危险,就像伍尔夫写的那样,"黑暗像一把刀在希腊落下"。(JR, 245)即使在伍尔夫以诙谐的笔触写的作品,比如伊丽莎白·巴蕾特·勃朗宁(Elizabeth Barrett Browning)的西班牙猎犬弗拉希的传记中,她还是无法避开希腊。弗拉希在勃朗宁夫人身后的会客厅里,头"枕着一本希腊语辞典",安然地休息。早些时候,弗拉希万般沮丧地陷入沉思,因为"他"目睹伊丽莎白·芭蕾特小姐陷入悲伤,却无法用语言与之交流,"他"想知道她是否"不再是温坡街(Wimpole Street)上的一个病人,而是生活在阿卡迪亚(Arcady)某个昏暗树林里的一位希腊女神"。

《论不懂希腊文》是伍尔夫的一个长篇随笔,收录在1925年出版的《普通读者》第一辑中,这篇随笔反映出她仔细阅读过索福克勒斯、欧里庇得斯、阿里斯托芬和埃斯库罗斯,还提到埃斯库罗斯的《阿伽门农》,伍尔夫曾翻译过这部悲剧。(D, II, 215)为了写这篇随笔,她读过荷马、柏拉图的作品以及多位古典主义大师的传记。尽管做了认真研究,她仍然对自己的能力信心不足。她在文中解释说,由于我们还无法完全再现希腊语以及它的文体风格,所以并不能真正读懂它。我们永远无从得知人们最初是怎样用它来说话，怎样拿它来表演的。读希腊戏剧意味着把它当作诗歌来读，因为我们无法理解这些词的确切含义；我们搞不懂"那些话听起来如何"，也不知道"演员们怎样表演"。因此显得更加奇怪的是，我们竟然渴望懂得希腊语，我们进而希望理解这种文化和希腊语的客观本质。《论不懂希腊文》既是对希腊语的评论，又是对英国社会及其风俗的批评。文章还对这两种文化进行了比较。希腊戏剧里的每一个舞台动作都能在简·奥斯丁（Jane Austen）笔下人物的关键动作中找到影子，例如《爱玛》里，年轻的表哥（亨利）走上前去"拯救"露易莎时，清楚而又直白地说："我想同你跳舞。"这个动作具有自由和谦逊双重含义，更加重要的是，因为在希腊戏剧中人物角色同样也被限制住了手脚，只能做几个有限的动作。在这篇文章里，伍尔夫还对希腊戏剧和普鲁斯特进行了比较，她指出：六页普鲁斯特的作品"其中包含的情感比整部《厄勒克特拉》都要复杂和丰富"。普鲁斯特的作品蕴含某些更感人的东西，譬如"英雄主义本身"和忠诚。我们被希腊人所吸引的正是，"这里可以找到坚实的、不变的、最初的人"。安提戈涅、埃阿斯和厄勒克特拉都是原型人物，我们理解他们，要比理解《坎特伯雷故事集》中的人物"更容易，更直接"。在伍尔夫看来，古希腊的文学形象是原型，而乔叟笔下的人物只能算是这些原型的变体而已。即使没有先驱或文学流派来追溯它的演变，希腊文学仍是"文坛杰作"。

除了对希腊语感兴趣之外，伍尔夫还支持珍妮特·凯斯的另一个事业——妇女选举权运动。凯斯从政治上对伍尔夫正在形成的唯美主义进行了一次修正，更重要的是给予她一段深厚而持久的友情。1911年，凯斯和伍尔夫在苏塞克斯的塔兰德屋共度了一个周末，伍尔夫向她透露同母异父哥哥乔治的乱伦行为。（LETT，I，472）直至1937年后者去世为止，伍尔夫一直与凯斯保持着联系，还为她在《泰晤士报》上登了一条未署名的讣告。伍尔夫在日记中坦言："她在我生命中扮演了一个多么重要的引路人角色。"（D，V，103）正如伍尔夫在《远航》中所说："你只要想一想：现在是20世纪初，而就在几年以前，女人们不能独自迈出家门，不能发表意见。"（V0，245）

伍尔夫最亲密的女性知己当属她的姐姐瓦妮莎。瓦妮莎比伍尔夫大三岁，她是一位艺术家，经常感受到来自妹妹的挑战。妹妹很早就想成为一名作家，而瓦妮莎则希望成为一名画家。正如瓦妮莎在1949年给回忆俱乐部朗读的《弗吉尼亚童年记》中所述，这消除了一个竞争源头。当瓦妮莎画画时，伍尔夫经常大声给她朗读。反过来，伍尔夫在《回忆录》里提到瓦妮莎说话很直，让人听了不舒服。姐妹俩暗中较劲，但在情感上又很亲密。正如伍尔夫所承认的那样，瓦妮莎一向直率。瓦妮莎还善于交际，跟一连串男人陷入感情纠葛，一开始是跟斯特拉的鳏夫杰克·希尔思。在此之前，她父亲死后，1904 年她和维奥莱特·迪金森、索比、伍尔夫一起去意大利旅行，返回途中在巴黎短暂停留时，她认识了克莱夫·贝尔[1]（Clive Bell），后者是索比在剑桥大学的一位朋友，当时在罗丹工作室工作。开始时瓦妮莎拒绝了他两次，但他们最终还是结婚了。直

弗吉尼亚·伍尔夫油画，瓦妮莎·贝尔，1912 年

---

[1] 克莱夫·贝尔（1881—1964）英国形式主义美学家，当代西方形式主义艺术的理论代言人。主要著作有：《艺术》《自塞尚以来的绘画》《法国绘画简介》《19世纪绘画的里程碑》《欣赏绘画》等。（译者注）

到1906年索比因伤寒意外去世，她才同意嫁给贝尔，就在她弟弟去世两天后。伍尔夫把这视为双重损失——首先是哥哥的病逝，其次是姐姐的出嫁。

可是，瓦妮莎发现罗杰·弗莱更善解人意，在她生了第二个儿子并经历了一次流产之后，1911年至1913年他俩维持着婚外情。1914年，她又爱上了画家邓肯·格兰特[1]（Duncan Grant），实际上，格兰特和她的弟弟艾德里安是情人。艾德里安结婚后，格兰特恢复了与瓦妮莎的私情，一直到他和大卫·加内特（David Garnett）开始第二段风流韵事。不过，瓦妮莎、格兰特和加内特一起住在萨福克（Suffolk），直到1916年三人搬到苏塞克斯的查尔斯顿（Charleston）。两年之后，瓦妮莎和邓肯·格兰特的孩子安吉莉卡（Angelica）降生。克莱夫·贝尔对外说自己是安吉莉卡的父亲，安吉莉卡直到17岁才知道自己的亲生父亲是格兰特。尽管瓦妮莎做了这些离经叛道的事情，伍尔夫依旧钦佩她的姐姐，信赖姐姐在艺术上的判断力，并补充说除了伦纳德，姐姐对她作品的看法最重要。1931年，她对瓦妮莎说："我一直觉得为你写的作品，要比给其他任何人写的多。"（LETT，IV，390）

但乔治·达克沃思的一些性行为使伍尔夫在海德公园门的青少年时期（及其记忆）变得复杂起来。虽然具体的

---

[1] 邓肯·格兰特（1885—1978），英国画家、设计师，布卢姆斯伯里团体的成员。（译者注）

细节无从考证，但18岁的乔治很可能引诱过6岁的伍尔夫。伍尔夫在《海德公园门22号》中写道，在她还是个小姑娘时，乔治训斥说，在他带她出席各种宴会和聚会时，她的举止不得体，因为他要对弟弟、妹妹们的社会教育承担责任，之后，他跳上她的床，抱住她。正如她在《老布卢姆斯伯里》中所描述的那样，乔治会经常"扑上（伍尔夫的）床，对她搂搂抱抱、亲亲，或者拥抱什么的"。关于这些事件，许多文章都谈论过，除了指出其在心理和创作上给伍尔夫留下了难以磨灭的印象之外，还没有一种绝对权威、令人信服的解释。她一方面掩饰这些事情，把乔治写成"维多利亚时代遗存的老顽固"，另一方面又说他的行为给她造成心理上的创伤。评论家们认为乔治可能不仅是《达洛维夫人》中休·惠特布雷德（Hugh Whitbread）的原型，还是《远航》中理查德·达洛维（Richard Dalloway）的原型，因为他曾冲动地亲吻过雷切尔·温雷克（Rachel Vinrace），从而导致雷切尔做噩梦。

为了消弭父母的死亡和被同母异父的哥哥杰拉德在康沃尔（Cornwall）的塔兰德屋性侵所造成的痛苦——之前她曾被另一个同母异父的哥哥乔治在伦敦侵犯过，这两段经历给伍尔夫留下了难以磨灭的印痕——伍尔夫鼓励女性之间建立长期的友谊。如上所述，这在一定程度上是为了弥补母爱的缺失，因为她向年长女人求助，她们能激发她的创作灵感，偶尔还给予她所缺乏的母爱。伍尔夫最亲密的女性知己有维奥莱特·迪金森、马奇·沃恩、珍妮特·凯斯、维塔·萨克维尔-韦斯特、埃塞尔·史密斯。奥托琳·莫雷尔夫人、凯瑟琳·曼斯菲尔德、多拉·卡林顿（Dora Carrington），还有她姐姐瓦妮莎，给予她另外一些女性气质，譬如充满活力、独立自主与富有创造力。这些闺蜜后来又出现在她的小说中：《到灯塔去》中的莉莉·布里斯科使人联想到瓦妮莎；奥托琳·莫雷尔夫人是《远航》中爱丽丝的原型，后者是一位画家，她在喝茶时抽烟，有失礼仪；奥兰多身上有维塔的影子；埃塞尔·史密斯是《岁月》中露丝·帕吉特的原型，她也是《幕间》中拉特罗布小姐（La Trobe）的灵感之源。在生命即将结束的那段日子里，奥克塔维亚·威尔伯福斯（Octavia Wilberforce）成为她的又一个密友。她是伍尔夫最后一位主治医生，伍尔夫曾打算为她写一篇散文体的"生活写照"。

对伍尔夫来说，形成一种友谊理论并非不可思议，她发现这种关系是对家庭的补充和替代。她和伦纳德的关系建立在友谊和爱情的基础之上，这仿效了 G.E. 摩尔（G. E. Moore）的理念，即性欲远没有平等和惺惺相惜重要，而平等和惺惺相惜是爱情的真正基础。摩尔在《伦理学原理》（1903 年）中阐述："对个人的热爱和美的享受包含我们所能想象的一切，也是迄今为止最大的善。"用审美来处理个人情感是获得友谊和实现承诺的最佳方法。伍尔夫和伦纳德拥有共同的社会、文化和文学理念——虽然不一定总是政治理念——这些理念将他们联系在一起。伍尔夫关于友谊本质的理念让人联想到德勒兹（Deleuze）的"友谊的褶子论"，正如他在《福柯》一书中所写的那样，不断地"折叠，展开，再折叠"。这也可以描述伍尔夫和他人交往的本质。实际上在写作中，伍尔夫在心理学和隐喻层面使用了褶子论。她在《论生病》的结尾，用了一个转喻——维多利亚时期风格的窗帘上被揉出来的褶子——来表达华特福德夫人面对丈夫的死亡和埋葬他时的痛苦。《回忆录》中有一段文字的写法与之相似，即伍尔夫试图向外甥朱利安（Julian）描述她母亲的死亡："最不幸的是，为一个已经去世或仍然活着的人写的书面文字，往往会披上光滑的褶皱，抹杀所有生命的证据。"对伍尔夫来说，友谊的褶子让人联想到意义和探索。

伍尔夫反复分析她和朋友之间的友谊，1919年1月22日的一段日记开头写道："我有多少个朋友？"然后列举出一长串名字，因为太多而无法"按顺序排列"。利顿·斯特雷奇[1]（Lytton Strachey）、德斯蒙德·麦卡锡（Desmond MacCarthy）、撒克逊·特纳（Saxon Turner）是最先浮现在她脑海中的三个人，在最后，她提到奥托琳·莫雷尔、罗杰·弗莱、凯瑟琳·曼斯菲尔德、吉尔伯特·蒙丽（Gilbert Murray）和T. S. 艾略特，"我喜欢去看他们，或

---

[1] 利顿·斯特雷奇（1880—1932），英国著名传记作家。毕业于剑桥大学，与法国的莫洛亚、奥地利的茨威格，同为20世纪传记文学的代表作家。（译者注）

许一次能见到更多的人"。就像她经常做的那样,她会简短地描述朋友们的性格:"据说利顿为人宽厚,但不幽默;德斯蒙德需要来一杯酒;撒克逊患有风湿病,且情场失意。"(D,I,234-5)伍尔夫并不回避对朋友的批评,说斯特雷奇缺乏创造力和实质内容:他的作品是"极为出色的报刊文章",但他"过于小心谨慎、难以捉摸又没有冒险精神"。他不接受新事物,和她乐于创新形成鲜明对照:"我们斯蒂芬家族,没错,甚至连克莱夫,尽管浑身缺点,却都具有创新精神,思想活跃,能实现我们的愿望,因为我们的愿望太强烈,而不会在嘲讽和困难面前裹足不前。"(D,I,236)

友谊是布卢姆斯伯里团体立足的基石,也是伍尔夫在小说中特别强调的,即使在友谊终止之后。在她写给维塔·萨克维尔-韦斯特的信中,你会发现友谊的成分最露骨。1927年2月5日,伍尔夫写信给维塔,当时她正在德黑兰,她抱怨说没有收到来信:

> "这并不意味着我希望你被强盗吃了,遇到打劫,被撕成了碎片。这让我相当郁闷。因为你的离开,情况越来越糟糕。所有的安眠药和刺激剂都已经用完,我开始安定下来,依然迫切地、真诚地盼望有你在身边——我希望这些话能让你高兴。"

友谊和爱情交织在一起,尽管情绪会起起落落,考验这段友情是否坚韧、持久,但她们的感情已经从信任转变为同甘共苦。正如伍尔夫在《海浪》中写道:"有人去找牧师,有人依靠诗歌,而我则依靠我的朋友。"(W, 222)

伍尔夫关于友谊的理念可能在一定程度上起源于古希腊。G. 洛斯·迪金森(G. Lowes Dickinson)在《古希腊的人生观》一书中曾描述过希腊人的友谊观,剑桥使徒社成员们即使没有加以模仿,但应该讨论过这个话题。剑桥使徒社是一个知识分子团体,1820年创建于剑桥大学,当时只招募12名成员。利顿·斯特雷奇、伦纳德·伍尔夫、撒克逊·特纳、约翰·梅纳德·凯恩斯和 E.M. 福斯特[1](E. M. Forster)都是其中的成员。后来该社团融入布卢姆斯伯里团体。《古希腊的人生观》第三章第十节是"论友谊",强调男性之爱在古希腊文化和传说中的重要性,尤其提到了阿基琉斯和帕特洛克罗斯、苏格拉底和亚西比德这两对。最重要的是,迪金森强调这种爱"超越了个人,升华为客观目标,并将生活中的情感和行动联系起来"。迪金森本人与罗杰·弗莱在剑桥校园形成的亲密关系,拉开了一段历久弥新的友情序幕。

G. E. 摩尔是另一位重要人物,他在散文《阿基琉斯和帕特洛克罗斯》(1894年)和《伦理学原理》中提出了这

---

[1] E.M. 福斯特(1879—1970),20世纪英国作家。主要作品有长篇小说《看得见风景的房间》《霍华德庄园》等。(译者注)

一伦理观，并重申友谊的价值。在《尼各马可伦理学》中，亚里士多德定义"友谊"一词时，认为友谊建立在善的基础上。正如摩尔所讲的那样，我们选择那些吸引我们的人是因为他们善良，或者是因为跟他们相处时，我们感到快乐。但是深厚的友谊需要时间和彼此亲近。在《阿基琉斯和帕特洛克罗斯》中，摩尔认为友谊还应该建立在平等、志同道合、人生感悟和意识境界等基础上——所有这些元素伍尔夫都将在她的个人友情中加以强调，并在她的小说中予以描述。摩尔明确指出这种亲密的友谊可以出现在男性之间，也可以在女性之间产生。在伍尔夫的小说，尤其是《海浪》中，她延伸并拓展了摩尔的友谊哲学。

弗洛伊德对伍尔夫的友谊观念也起了一定的作用。他在《哀伤与抑郁》（1917年）中称：哀伤是痛失亲人后的一种正常反应；但抑郁则是一种潜在的病态反应，通常不是因为某个人的死亡引起，而是源于失去某个人的那种体验和想法。失去母亲、父亲和哥哥索比之后，伍尔夫体验到这一点。正如弗洛伊德所说，哀伤一般是对于失去所爱之人的反应，或者是"失去某种抽象的东西，例如祖国、自由、理想等的反应"。抑郁，常常伴随着哀伤，可是它具有显著特点，"患者极度痛苦沮丧，失去了对外部世界的兴趣，丧失了爱的能力，抑制了所有的活动，降低了自尊感"，所有这些特征后来都在伍尔夫身上表现出来。哀伤与抑郁成为减轻痛苦或减少念头的方法，即失去爱的客体的痛苦或失去客体的念头，往往通过友谊获得补偿。至关重要的是，童年时丧失重要客体会影响我们成年以后如何体验丧失，以及定义友谊和爱情。弗洛伊德在《文明及其不满》（1930年）中认为，友谊不仅仅是爱情或家庭的一件轶事或附属品，而是具有同等意义和重要性。

对伍尔夫来说，友谊提供了一个身份认同、寻求共鸣和自我认知的机会，无须顾虑社会阶层、种族和性别等因素。一直以来她很看重别人的赞美，她对维奥莱特·迪金森说："我好高兴人们喜欢我——你想不到……我多么喜欢友情！"（LEET，I，144）伍尔夫把摩尔的友谊理论付诸实践，同时也收获了安全感——这也是布卢姆斯伯里团体的一个重要品质。正如她在1930年8月19日的一封信中承认："没有了我对朋友们的爱……我将只是一层膜，一根丝，没有色彩，了无生趣。"（LETT，IV，203）伍尔夫在理解古希腊文化中的友谊和希腊社会对友谊的评价的基础上形成了自己的理念。《友爱的政治学》（德里达的著作，1994年出版，该书将亚里士多德的《伦理学》、西塞罗的《论友情》和蒙田的《论友谊》视为前人的足迹）描述了布卢姆斯伯里团体的许多动态和伍尔夫的生活。

纵观她们的一生，瓦妮莎为伍尔夫提供了友情，也提出过批评；两人既是朋友又是竞争对手。她在伍尔夫陷入烦恼时给予支持，但也对她的作品提出批评。反之，伍尔夫也会做同样的事情。瓦妮莎不仅为伍尔夫《雅各的房间》

之后的所有小说设计了封面（《奥兰多》除外），而且很可能是《到灯塔去》中的莉莉·布里斯科美学上的原型。瓦妮莎还为霍加斯出版社设计了一个狼头图案的LOGO。她为伍尔夫的短篇小说集《星期一或星期二》绘制了四幅木版画，而她在1913至1916年左右画的《会谈》可能是小说《一个协会》的灵感来源。她还为小说《弗拉希》作插图。反过来，伍尔夫为《瓦妮莎·贝尔的近作》（1930年）写序言，并在1934年给瓦妮莎在勒费夫尔画廊（Lefevre Gallery）举办的作品展编写目录。[1] 但她们有时候依然会较劲。在少女时代，热爱自由的瓦妮莎与自我怀疑的弗吉尼亚就有矛盾，当两人共用一间书房时，就像她们在海德公园门以及后来在戈登广场偶尔表现的那样，竞争特别明显。当伍尔夫看到瓦妮莎站在画架前作画，她必定不甘示弱。作为回应，她买了一张立式书桌来写作。

---

[1] 普利亚·帕玛尔的小说《瓦妮莎和她的妹妹》（纽约，2014年）在一定程度上依照瓦妮莎的日记，虚构了她们从1905年至1912年间的生活。然而，两姐妹的一些真实的信件和文献出现在小说文本中。

2　戈登广场 46 号
1904—1907 年

> 戈登广场和动物园里的狮子馆没什么两样。从一个笼子到另一个笼子。所有动物都是危险的,相互猜疑,充满了魅力和神秘。
>
> 伍尔夫,1920 年 12 月 23 日(LETT, II, 451)

新粉刷的白墙、红色的地毯和新家具,斯蒂芬家的孩子们(瓦妮莎、弗吉尼亚、艾德里安和索比)在戈登广场 46 号的新家开始了他们的生活。之前的海德公园门 22 号整整被塞进了三个家庭的财产,满眼是上了黑漆、包着红色天鹅绒边框的贮物柜和衣橱,还有一大堆瓷器和玻璃器皿。与之相比,戈登广场令人耳目一新。高大洁净的房间里用的是白色和绿色的印花棉布,不再是之前的厚重布料。随着室内空间的重新布局,物件被分开摆放,以宽敞和明亮至上为布局原则。正如伍尔夫在 1904 年写给马奇·沃恩的信中所说,通过这一系列

的举措,他们感觉满心舒畅:

> "我所有心爱的真皮装订的书都那么漂漂亮亮地立在书架上……一大堆手稿、信件、校样、钢笔和墨水弄得满地都是。"(LETT, I, 167)

她在随笔《老布卢姆斯伯里》里写道:

> 我们进行了彻头彻尾的实验和改革。我们不准备再使用餐巾……我们打算画画,打算写作,晚饭后我们要喝咖啡,而不像从前一样在九点钟喝茶。一切都将是新面貌……一切都在试验之中。

伍尔夫正在形成一种自己的写作生活,建立属于自己的空间。在这个摆脱了海德公园门阴影的世界里,伍尔夫抛却了私生活中的隐秘和压抑,取而代之的是一种无拘无束、坦率的生活态度。他们如今住得离大英博物馆(British Museum)和斯莱德美术学院(Slade School of Art)很近,这两个地方是重要的教育和艺术中心。现在的住所让家庭生活完全重新安排,但是正如伍尔夫所理解的,"如果没有之前的海德公园门22号,那么戈登广场46号就不会有今天的意义"。身心得到彻底解放,她即将迎来布卢姆斯伯里时期的爆发。

搬家这件事是在他们父亲去世之前就计划好的。四个孩子都期待从肯辛顿压抑的社交生活和氛围中解脱出来。后来弗吉尼亚把肯辛顿和令人窒息的社会声望联系在一起。她甚至不喜欢去《泰晤士报文学副刊》的编辑布鲁斯·里奇蒙德（Bruce Richmond）家里，因为他住在南肯辛顿自然历史博物馆（Natural History Museum）对面，她觉得那里的人太沉闷。只有她小时候经常去玩的肯辛顿花园，让长大成人后的她还感兴趣。斯蒂芬一家人在戈登广场的新家，很快吸引了大批艺术家、作家、政治家、食客和情人。他们不仅在每周四晚上聚会，而且整个礼拜乃至一年到头家中访客不断。

搬家的那一年（1904年）也标志着伍尔夫人生中迎来重大改变。莱斯利·斯蒂芬死后五天，她前往彭布罗克郡海岸（Pembrokeshire coast）的马诺比尔（Manorbier）待了一个月，同行的有她已婚的姐姐瓦妮莎、兄弟索比和艾德里安，以及同母异父的哥哥乔治·达克沃思。她还开始构思写一本书。4月，她和瓦妮莎、索比、艾德里安和杰拉德·达克沃思动身前往意大利，除儿时有一次去法国北部旅行之外，这是她第一次出国旅行。维奥莱特·迪金森在佛罗伦萨加入他们的队伍。回家之前在巴黎受到克莱夫·贝尔的款待，她找到了渴望已久的那种关于艺术、雕塑和音乐的对话——她称之为"一次真正的波希米亚聚会"。艺术家杰拉德·凯利（Gerald Kelly）也在场。他们不是在客厅里会面，而是在一个普通的咖啡馆里，"我们抽了半打香烟"。(LETT, I, 140) 他们还参观了罗丹的工作室。返回伦敦之后，伍尔夫遭遇了第二次精神崩溃，她躲到维奥莱特·迪金森家中康复治疗。

是什么导致这次精神崩溃尚不明确：她的精神创伤达到顶点，究竟是起因于海德公园门 22 号里她母亲的离世，斯特拉的死亡，乔治·达克沃思的性侵，还是不久前她父亲的去世？关于弗吉尼亚的躁郁症有不少文章讨论过，却没有最终的答案。可是这些意外事件接连发生，令人不堪重负，并且这种特殊情况持续了三个月之久。值得注意的是，第二次精神崩溃发生在她搬到布卢姆斯伯里的戈登广场，准备重新规划她的生活之前。

从 1888 年至 1891 年，莱斯利·斯蒂芬本人也经历了几次精神崩溃，但是伍尔夫的狂躁症和抑郁症更加严重。从她父亲的言谈举止中可以看出，情绪变化说来就来：他既是一个忧郁症患者，又是一个利己主义者。伍尔夫目睹了父亲所表现出的失败感，时而愤怒，时而激动，她很快接受了这一点，认为这是成为一个作家所要付出的代价，他们的家庭医生乔治·萨维奇也支持此观点。他诊断她患了"神经衰弱症"，说她是个神经质天才，同样的标签他也曾贴在她父亲身上。萨维奇给伍尔夫的治疗方法就是多吃、多睡，使她亢奋的脑细胞稳定下来（她的抑郁症症状之一是绝食）。伦纳德·伍尔夫在《重新开始》中提到，疲劳导致她的抑郁症反复发作，还伴随着无休止的失败感。她在写给瓦妮莎的信中说："我是多么没用！自私、自负、利己、没能力。"（LEET，I，411）

1904年9月，弗吉尼亚恢复健康，和家人去诺丁汉郡（Nottinghamshire）度假，并且重新开始之前停掉的写作。10月，她和姑姑卡洛琳·艾美莉亚（Caroline Emelia）住在剑桥，与在三一学院读书的弟弟艾德里安来往密切。在剑桥期间，她给撰写莱斯利传记的F. W. 梅特兰（F. W. Maitland）当助手，主要工作是读她父亲的信件，并抄抄写写。回到伦敦，瓦妮莎和索比安排搬家，从海德公园门搬到戈登广场，斯蒂芬姐弟在弗吉尼亚生病期间租下了这里。瓦妮莎选择布卢姆斯伯里，部分原因是它与肯辛顿所代表的一切截然相反：这里居住的不是体面的中产阶级家庭，而是伦敦大学或者斯莱德美术学院的学生。住客还包括"模特儿"和其他形形色色的艺术家们，此地具有浓郁的波西米亚风味。

另外，这个地方的租金更便宜，虽然莱斯利·斯蒂芬给每个孩子留下15 000英镑的遗产，但他们实际上都没有收入，因此不得不节俭度日。9月中旬，就在搬家之前，乔治·达克沃思娶了玛格丽特·赫伯特（Margaret Herbert），后者是一位伯爵的女儿；而杰拉德决定自立门户。同年，1904年，伦纳德·伍尔夫离开剑桥，他通过了公务员考试，乘船前往锡兰（Ceylon）任职，在当地行政部门担任见习官员。他准备带走大量文学书籍:德斯蒙德·麦卡锡送给他的牛津袖珍版《莎士比亚全集》和四册弥尔顿的作品,还有他自己买的九十册18世纪版本的伏尔泰文集。10月,他带着自己的粗毛猃犬查尔斯离开了。

与此同时,伍尔夫从随笔和评论入手开始了职业写作生涯。她给维奥莱特·迪金森的信中写道:"我渴望开始工作。我知道我可以写……生活让我着迷,写作是我懂得的最自然的表达方式。"(LEET, I, 144)她从写书评开始,通过阅读和研究他人的作品,发出自己的声音。她的写作生涯始于非小说类文学作品,也将以之结束:《三个基尼金币》和《罗杰·弗莱传》是她生前出版的最后两部作品(她的最后一部小说《幕间》是在她死后出版的)。其间她还出版了两本随笔集,即《普通读者》和《一间自己的房间》。

伍尔夫最早的作品是新闻稿,写于1891年,当时她只有9岁。那年《海德公园门新闻》周刊第一期面世,文章的撰写和誊抄都是由斯蒂芬家的孩子们完成的。署名为弗吉尼亚·斯蒂芬的第一篇稿件的日期是1891年11月30日,尽管报纸在4月就开始发行。她最初的稿子是一首诗,但是几周之后,她的第二篇稿子是一篇散文,叫做《午夜骑行》,写的是一位生病男孩的弟弟骑着马去看望兄弟时,差点被困在泥沼里。这篇文章分两期在家庭报纸上刊载。其后更多的短篇故事、虚构的书信和日记,相继登载在周刊上。这种少年读物,加上漫画、笑话、字母表、谜语和信札,构成了她早期散文和评论的背景[1]。有一封信中写道:"A(艾德琳首字母)V(弗吉尼亚)S(斯蒂芬)小姐想知道,澳大利亚中部男人的平均身高是……一个大人有5英尺11英寸。"下一封来自杰拉德·达克沃思的信提到,"G. H. D. 想知道女人是否能在议会中投票"。还有一个长篇故事叫做《一位家长的经历》,作者是她的哥哥索比,从1892年10月10日一直连载到12月19日。这个故事开头

弗吉尼亚·伍尔夫和莱斯利·斯蒂芬的侧面照,1902年,乔治·查尔斯·贝雷斯福德拍摄

---

[1] 诸如"照相机和百日咳有什么区别?一个制造摹本,另一个制造病人。狮子(lion)和茶壶(tea-pot)有什么差异?一个有 n,一个没有 n"。摘自《海德公园门新闻》(1891年4月6日)第4页。

用幽默的笔调描写了一连串新任奶爸必须掌握的、逗孩子开心的诀窍和小把戏,十章之后以一场失败的狩猎会结束。

稍后有一篇《海德公园门新闻》1895年1月28日的文章,作者不详,它表达了作者希望能"占据别人的思想,哪怕就一会儿"的愿望,这样的想法最终在伍尔夫成年后的小说中得到应验。三周后又有一篇文章记录了一个梦,作者在梦里主宰着整个世界,"我手一挥,世界就颤抖不已,支离破碎,另一个世界将会在空中形成"。接着又说,"我独自与时间玩耍",从中能预见伍尔夫后来的写作技巧。在她成年后的日记中一些具有预见性的篇章里,伍尔夫(假设那就是伍尔夫本人)怀疑她是否创造了人类,甚至包括她自己,都是真实的:"我为什么存在?……难道一切都是梦,但谁是梦的主人呢?"《海德公园门新闻》办了四年(1891年—1895年),证明它获得了家里几位小投稿人的鼎力支持,可见他们是在模仿家里收到的众多知名期刊上的高雅措辞和专业性的语言表达,并且表现得无拘无束。这份杂志现存的一些副本主要在瓦妮莎手里,但这是他们齐心协力共同完成的,尽管其中大部分稿件是伍尔夫写的。

伍尔夫在家中有一位给文学期刊写稿、写评论的好榜样,当然那就是她的父亲。他给《星期六评论》《蓓尔美尔街公报》《弗雷泽杂志》《双周评论》等撰写文章。1871年至1882年,他还担任过《谷山杂志》的编辑。伍尔夫早期的文章似乎是模仿她父亲的作品，同时她也在寻求来自母亲的认可。在维多利亚时代后期，赞扬他人一般较为含蓄，能听见赞美之词是一件值得庆祝的事。父亲是专业新闻工作者中的翘楚，母亲平时很少嘉许他人，因此人们也许可以理解伍尔夫为什么在写作上持续不懈地努力着。可是，母亲的突然离世使她失去了最重要的读者，伍尔夫因此封笔两年，直到1897年才重新开始写日记。

报纸杂志勾勒出伍尔夫在写作方面最初的尝试，她早期的评论发表在《卫报》和《泰晤士报文学副刊》上。她的文章也出现在《国家》《雅典娜神庙》《标准》，以及一些更通俗的杂志上，如《时尚》《家政》等。伍尔夫这方面的写作对于理解她的创作历程以及她的九部小说很有价值，不仅在于写随笔是她提高散文创作水准的一种方法，还因为在职业生涯的头十年里，她的收入完全来自在报纸杂志上发表文章。这些作品大部分是匿名发表的。不过，赚钱和融入文学圈子是她写评论的两大动机。然而具有讽刺意味的是，她从一份隶属于《卫报》的女性增刊开始发表文章，这份报纸强调女作家所面临的性别歧视问题。可是不久后，她转而向更加主流的刊物投稿。但她一开始就取得了巨大成就：尽管她没有受过良好教育，健康状况不稳定，靠自学成才成为一名作家（通过《海德公园门新闻》和早期的日记练笔），她还是成功了。不过，她确实拥有毋庸置疑的家庭背景和她父亲的人脉。伍尔夫之所以引起《泰晤士报文学副刊》主编布鲁斯·里奇蒙德的注意,是因为她被邀请与维奥莱特·迪金森的邻居克鲁姆夫妻共进晚餐,从而结识了这位受人尊敬的编辑。1905年,23岁的她开始在《泰晤士报文学副刊》上刊登文章。她利用与凯瑟琳·曼斯菲尔德的交情向《雅典娜神庙》投稿,凯瑟琳的丈夫约翰·米德尔顿·默里(John Middleton Murry)是该杂志的主编。她与女性友人们的关系网,为她提供了一个切入点,在美国也不例外。她在美国有两位出版经纪人:一位是安·沃特金斯(Ann Watkins);另一位是《耶鲁评论》的编辑海伦·迈克菲(Helen McAfee),她的作品也曾在这份刊物上发表。这两人都是伍尔夫在美国读者中确立地位的重要推手。桃乐丝·托德(Dorothy Todd)是英国《时尚》杂志的编辑,也是伍尔夫的另一个盟友。据丽贝卡·韦斯特说,托德精力充沛,身材丰腴,是一位很棒的编辑。她在托德和《时尚》杂志时装编辑马奇·加兰(Madge Garland)的陪伴下,在位于切尔西(Chelsea)的公寓里第一次见到伍尔夫。

社会阶层和人脉为伍尔夫增加了机会,她的社交圈子是其他女性或年轻的女记者们根本无法跻身其中的。虽然伍尔夫最初主要是为女性写作,但不久后她就建立了一个形形色色的读者群。写报刊文章很快成为她的特长,编辑们都是她的朋友、合作伙伴或熟人。到20世纪20年代,当她成为一个知名又受欢迎的作家时,她发表文章(大多以匿名形式）的报刊已经从纯文学评论类期刊，转向《时尚》《新共和》《论坛》《纽约先驱论坛报》和《听众》这类报纸杂志[1]。很快，她和布卢姆斯伯里团体的其他作家（斯特雷奇、德斯蒙德·麦卡锡、凯恩斯等人）似乎主宰了新闻写作市场的某些领域，具有一定的影响力。她的批判性声音和评价也变得更加自信，就像她在1905年评论亨利·詹姆斯的《金碗》时所表现的那样：

> 我们一直与思想和情感生活在一起，而不是与活人生活在一起。（詹姆斯）拥有扎实的解剖学知识，能绘制出人体的每一块骨骼和肌肉；但是，如果他愿意话少点、暗示多点的话，这幅肖像会成为一件更出彩的艺术品。

一种低调又颇具讽刺意味的新天赋出现了。她也开始经常赚钱了：例如，1906年6月，因为在《泰晤士报文学副刊》上发表了一篇关于华兹华斯（Wordsworth）与湖区的随笔，她收到97英镑稿费，这是她到在此之前赚得最多的一笔钱。

1905年，伍尔夫开始在莫利学院（Morley College）授

---

[1] 与伍尔夫既是朋友，又是合作伙伴兼编辑的，包括《标准》的编辑T.S.艾略特、《新政治家》的编辑及后来《星期日泰晤士报》的首席文学评论家德斯蒙德·麦卡锡、《雅典娜神庙》的主编约翰·米德尔顿·默里和《新政治家》的文学编辑大卫·加内特。有关20世纪20年代伍尔夫的报刊文章的概述，参见布罗斯南的《读弗吉尼亚·伍尔夫的随笔及报刊文章》第50—52页。

利顿·斯特雷奇在阿什汉姆宅的花园里

课,每周一次。莫利学院是伦敦南部的一所夜间学校,她在此工作至 1907 年。那年,索比·斯蒂芬在戈登广场创办了每周四晚上的聚会,主要成员是他在剑桥大学的朋友们,他们聚在一起探讨、辩论和交谈。例如,克莱夫·贝尔在清谈中引入了艺术话题。在她认识他将近二十年之后,他依然给她带来莫大的快乐。伍尔夫写道:"首先是因为他直率地说出我一生都在遮遮掩掩的东西。"(LEET,III,79)

利顿·斯特雷奇是理查德·斯特雷奇爵士的第十一个孩子，理查德·斯特雷奇是一名军人和行政官员，在印度待了三十年，而利顿·斯特雷奇也是这片举世瞩目的、受过良好教育的反传统主义者天空上的一颗璀璨之星。

利顿·斯特雷奇是邓肯·格兰特的表哥，他在剑桥大学期间与克莱夫·贝尔、索比·斯蒂芬和伦纳德·伍尔夫成为至交。他在1899年去剑桥大学读书，1902年加入使徒社（1820年创立的一个秘密社团）。斯特雷奇成为伦纳德·伍尔夫最亲密的朋友，经常将自己的风流韵事讲给他听。斯特雷奇之所以出色，部分原因在于他的非正统思想、才智和独创性，他是《远航》中圣约翰·赫斯特（St John Hirst）这个角色的原型：

> "你难道想告诉我你已经二十四岁了，却没有读过吉本？"他逼问。
>
> "是的，我没有。"她回答。
>
> "天哪！"他叫道，双手一挥。"你必须从明天开始。我送你一本书……你有脑子吗，或者说你像别的女人吗？在我看来，和你这个年龄段的女人相比，你简直太幼稚。"（VO, 172）

斯特雷奇说话不留情面，他的颠覆性著作《维多利亚女王时代四名人传》能证明这一点，这本书揭露了四位伪善、徒有虚名的名人:弗洛伦斯·南丁格尔、红衣主教曼宁、托马斯·阿诺德和戈登将军。他对人物性格的评价在他对哲学家亨利·西奇威克(Henry Sidgwick)的遗孀评论中最为明显,他把她比作"如暗淡月光般丑陋的美人,她拥有神经质的笑声和一颗极其孤傲的心灵,却不可思议地什么都明白"。斯特雷奇有时"对世界的看法有点歇斯底里",他反对伪善和性压抑。他的《维多利亚女王传》(此书是献给伍尔夫的)在1921年出版,1928年他又出版了《伊丽莎白与埃塞克斯伯爵》,这本书所蕴含的双性同体理念与《奥兰多》相似。

斯特雷奇对所有法国的东西都很喜欢,这后来演变成布卢姆斯伯里团体对法国美食和红酒的兴趣,尤其是来自普罗旺斯丘地区的。事实上,布卢姆斯伯里团体的成员爱好有创意的食品,特别是在第一次世界大战之后。(2014年出版的《布卢姆斯伯里食谱》包含170多个布卢姆斯伯里团体独创的菜谱。)伍尔夫在《一间自己的房间》里写道:"一顿美味的晚餐对聚会畅谈来说非常重要。人若是吃不好,也就不能够好好思考、爱得深情、睡得香甜。"(RM,23)《一间自己的房间》第一章中,食物占了大部分篇幅,最引人注目的是描写了在大学食堂举办的一场漫长的午宴和接下来的晚餐。布卢姆斯伯里团体特别喜爱的食物包括伍尔夫小时候喜欢吃的焦糖布丁,即剑桥大学三一学院推出的一种"三合一奶油"焦糖布丁(斯特雷奇的最爱），通常在焦糖和海枣的顶层烤上学院的盾形徽章，索比·斯蒂芬对它赞不绝口。每周四晚上聚会时，戈登广场46号的餐柜上都摆着可可和饼干——之所以有可可，或许是因为罗杰·弗莱是巧克力制造商J. S. 弗莱家族的直系后裔，他在1910年加入该团体。

斯特雷奇没能在学术上有所建树（比如做一名研究员）——1904年西蒙·布西（Simon Bussy）给斯特雷奇创作了一幅著名的画，后者坐在搁板桌旁，正埋头在书堆里撰写论文——他未能成为学者，而当了作家，在《观察家》和《国家》上发表了大量文章。1912年出版的《法国文学的里程碑》是他创作的第一本书。他又高又瘦，留着长长的红胡须，很快成为惹人注目的焦点人物，尽管招来各种各样的男性仰慕者，经历过众多奇遇，他还是和比自己小十三岁、但同样桀骜不驯的画家多拉·卡林顿组建了家庭。卡林顿在1916年创作的《正在阅读的斯特雷奇》（肖像画），表现了他离经叛道但又勤奋好学的天性，虽然斯特雷奇手里的那本书从画的结构上来说显得太大了，但是恰当地强调了他对文学的投入。卡林顿和斯特雷奇的第二个家哈姆斯普雷宅（Ham Spray House）迎来了一个叫拉尔夫·帕特里奇（Ralph Partridge）的男人，卡林顿后来嫁给了他——这是布卢姆斯伯里团体的成员组建的第二个"三角家庭"；瓦妮莎、克莱夫·贝尔、邓肯·格兰特和邓肯的情人大卫·"邦尼"·加内特组建了第一个。

斯特雷奇和伍尔夫共同从事写作的苦差事，所以她能经常向他倾诉。1901年，她去剑桥大学找她哥哥索比时，两人初次见面，到1905年，他已成为戈登广场46号每周四晚上聚会的一位常客。索比从剑桥大学毕业后，忙着律师资格考试。瓦妮莎把布卢姆斯伯里团体的言论自由归功于斯特雷奇："他相当诚实，无情地嘲笑一切虚伪的东西，迫使别人也变得诚实。"斯特雷奇还坚持在周四晚上聚会时大家互相直呼其名，这是一个虽小但激进的反对维多利亚时代传统的决定。

人们也可以在聚会上畅所欲言；"很少有自我意识"——性、艺术和宗教信仰都是公开讨论的。为什么叫"布卢姆斯伯里"？瓦妮莎写道，她认为德斯蒙德·麦卡锡的妻子莫利·麦卡锡（Molly MacCarthy）最初这么称呼，是为了把他们和切尔西的团体区分开来，那里住着许多所谓的艺术界"高雅人士"。瓦妮莎注意到伍尔夫在戈登广场的晚会上总是沉默寡言，但是当她和艾德里安在1907年春天搬到菲茨罗伊广场后，因为她是那里的女主人，所以她在聚会中与人攀谈明显多起来了[1]。伍尔夫和艾德里安仓促搬家是因为瓦妮莎和克莱夫·贝尔结婚了——这对新人

---

[1] 瓦妮莎·贝尔的《布卢姆斯伯里笔记》（1951年），参见《笔墨速写》第103、104、105页，利亚·贾罗编（伦敦，1997年）。利顿·斯特雷奇提供了一幅截然不同的、带几分喜剧性的画面。在莱斯利·斯蒂芬去世之前，斯特雷奇向伦纳德·伍尔夫描述早前去海德公园门22号做客的情形，他说弗吉尼亚"相当令人愉快，机智风趣，说话滔滔不绝，超凡脱俗"。——《弗吉尼亚·伍尔夫》第209页，赫敏·李著（伦敦，1996年）。

要单独住在戈登广场46号。

伍尔夫和斯特雷奇变得亲密起来,事实上,他曾在1909年2月17日向她求婚。可是,一天之内他又撤回了提议,两人都意识到那是一个错误。又过了不到一天,他写信给在锡兰的伦纳德·伍尔夫,说他必须娶她。1912年6月,斯特雷奇收到一张明信片,上面只写着:"嘿!嘿!"签名是弗吉尼亚·斯蒂芬和伦纳德·伍尔夫。那是他们订婚并即将结婚的通知。当月,伍尔夫写信给罗伯特·塞西尔(Robert Cecil)女士,诙谐地回答了伦纳德为什么要娶她,"他统治过印度,绞死过黑人,射杀过老虎",但是"他写了一部小说,我也写了一部,我们都希望它们在秋天出版。我非常开心"。(LETT, I, 504) 斯特雷奇和伍尔夫之间发展为某种竞争关系,前者的名人地位受到后者的批判。她觉得他的《伊丽莎白与埃塞克斯伯爵》只是将肤浅的心理学分析与表面文章混和在一起。(D, III, 208) 不过,前面提到,她在自己的第一部小说《远航》中,把斯特雷奇的言行举止套在圣约翰·赫斯特这个角色身上。1915年《远航》出版,斯特雷奇读完后对它大加赞赏。

如今团体中经常有其他人的作品出版:1905年E. M. 福斯特的《天使不敢涉足的地方》出版;由克莱夫·贝尔、撒克逊·悉尼-特纳、利顿·斯特雷奇和伦纳德·伍尔夫匿名捐助的《欧佛洛绪涅:一本诗集》自费出版。同一年,不少知名作家的作品相继出版:乔治·伯纳德·肖

(George Bernard Shaw,即萧伯纳)出版了《巴巴拉少校》,他的剧作《人与超人》也开始上演,而 H. G. 威尔斯(H. G. Wells)则出版了《吉普斯》。约瑟夫·康拉德(Joseph Conrad)的《诺斯特罗莫》和亨利·詹姆斯的《金碗》在1904年出版,而1906年出版的有亨利和弗朗西斯·福勒(Henry and Francis Fowler)两兄弟合作的《标准英语》、约翰·高尔斯华绥(John Galsworthy)的《有产业的人》(《福尔赛世家》第一部)、鲁德亚德·吉卜林(Rudyard Kipling)的《普克山的帕克》以及伊迪丝·内斯比特(Edith Nesbit)的《铁路边的孩子们》。

定期写评论这种磨炼,主要是给《泰晤士报文学副刊》写稿,教会伍尔夫关于截稿日期、法律承诺和编辑责任等知识,这将有助于她自己的写作和她与伦纳德在霍加斯出版社的合作。事实上,赫敏·李(Hermione Lee)认为,伍尔夫发展成她想成为的那种小说家,"在很大程度上是通过那个时期的随笔来实现的",写作范围从对个别作家的评论发展到对现代写作的综合研究。然而,并非所有的评论都是成功的:有一篇为《泰晤士报文学副刊》撰写的关于伊迪丝·西塞尔(Edith Sichel)的《凯瑟琳·德·美第奇与法国大革命》的文章没被录用,主要是因为它写得似乎过于严厉。从这篇评论和其他被退稿的作品,尤其是从《学院与文学》(她的作品在学术性和语境分析上有欠缺)那里,她学会了让自己的评论不那么突兀,让自己的笔调更符合每一种出版物的理念。但随着对评论的反感与日俱增，她越来越偏爱随笔。文学类报纸杂志仍然是她文体发展的关键，这很快影响到她的小说和后来的自传体散文。

但是伍尔夫很快发现批评家和评论家两者之间的差异。她在《评论》（1939年）一文中想搞清楚这个问题，《评论》被收入散文集《船长临终时和其他随笔》再次出版。她认为评论家的职责本质上是"对当今的文学作品进行分类，为作者作广告，并给公众提供信息"。相比之下，批评家是面向过去，探讨文学原理。然而，伍尔夫的许多非小说作品是受委托写的，经常受到篇幅、编辑要求和个别期刊性质的制约。不过这类文章成为她的写作基调、文体风格和文学构思的试验田。

不久之后，布卢姆斯伯里团体鼓励一种新式的性解放观念。伍尔夫在随笔《老布卢姆斯伯里》中写道："同性恋群体有许多优势——如果你是一个女人的话。"斯特雷奇闯进来，指着瓦妮莎裙子上的一块污斑，在一群男男女女中说："精液？"一切都变了："我们哄堂大笑。只需那一个字眼，所有沉默和矜持的障碍都随之瓦解……性充斥了我们的对话。"一种新的开放形式出现了，人们坦率地讨论各种性话题："我们饶有兴趣地听着那些同性恋者的风流韵事……没有任何事情是你不敢讲的，也没有任何事情是你不敢做的。"那种说布卢姆斯伯里团体"生活于方寸广场，爱情中三角纠缠[1]"的陈词滥调可能并非不准确。伍尔夫认为公开承认同性恋是一种社会进步,她在自己的作品中拓宽了个人挑战礼法制度与性行为之间的联系。后来瓦妮莎和弗吉尼亚的开放式婚姻——瓦妮莎虽然嫁给了克莱夫·贝尔,但她依然和邓肯·格兰特同居;弗吉尼亚与伦纳德结婚后,她和维塔共同探索女同性恋的性爱秘密——反映出布卢姆斯伯里团体崇尚自由主义的人生态度,两姐妹都排斥维多利亚时期家庭的约束和令人窒息的社会限制。

人生离不了性,也要面对死亡。十年间,她先后经历四位亲人的离世。从希腊回来之后(索比先回伦敦,伍尔夫、瓦妮莎和维奥莱特·迪金森继续前往君士坦丁堡),1906年11月20日,索比突然死于伤寒,这简直是个晴天霹雳。在他们乘坐东方快车号列车返回英国时,他们得知索比病了,同时生病的还有维奥莱特·迪金森。伍尔夫和艾德里安不得不在戈登广场46号照顾索比和瓦妮莎(她身体也不好)二人。索比被误诊为得了疟疾,等他被发现是感染伤寒时,为时已晚。他的死让伍尔夫倍感伤痛,尽管这次她没有精神崩溃。事实上,当她写信给维奥莱特·迪金森诉说索比的健康状况时,为了不让病中的迪金森恐慌,她努力保持一种轻快的语调。伍尔夫一直谎称索比的身体正在康复,直到12月中旬,迪金森才从一篇关于梅兰特刚

---

1 出自桃乐丝·帕克的诗。(译者注)

出版的《莱斯利·斯蒂芬传》的书评中得知真相。伍尔夫的善意谎言被揭穿。

从伍尔夫的日记可以看出，索比的死一直困扰着她。她在一篇日记里写道："我好痛苦，没有人知道我所受的折磨！沿着这条街走来走去，沉浸在极度痛苦之中，索比死后我就是这样——孤零零，独自战斗。"（D，III，259－60）她后来在自己的两部小说中描写了索比之死：《雅各的房间》里雅各的意外死亡（他也是一名年轻的剑桥大学学生，死时26岁，正是索比死亡时的年龄）；《海浪》中的珀西瓦尔是一个介于知识分子和冒险家之间的角色，他在印度死于一场坠马事故。当她在1931年2月完成《海浪》后，她又写了一篇悼念哥哥的文章（D，IV，10），并且向她姐姐解释说："我对他不能永远和我们在一起，仍然窝着一肚子火。"（LETT，IV，391）朱利安·贝尔是瓦妮莎的长子，他和索比重名（索比的全名叫朱利安·索比·普林塞普·斯蒂芬），同样年纪轻轻就死了——他死于1937年的西班牙内战，时年29岁。1906年索比去世两天后，瓦妮莎同意嫁给克莱夫·贝尔，他是索比的一位朋友。

尽管失去了那么多亲人，伍尔夫还是觉得戈登广场充满自由和浪漫的气息，《老布卢姆斯伯里》写道：

> 她吃惊地站在会客厅窗前，看着那些大树……你的目光千万不要试图穿过街道去看雷德格雷夫太太在卧室中洗脖子

才行。经历过海德公园门住所中那浓郁的、泛着红色天鹅绒色调的阴郁之后,这里的光线和空气都有了一种启示录般的意味。由于海德公园门的住所昏暗,有些似乎我们从未看到过的东西——瓦茨(Watts)的画作、荷兰式小橱柜、蓝色的青瓷——都生平第一次在戈登广场的会客厅里明亮起来,泛着光彩……(不过)与这些相比更令人心花怒放的事情是空间大幅增加了。

戈登广场46号,布卢姆斯伯里

左起：身份不详的男人、奥托琳·莫雷尔夫人、弗吉尼亚·伍尔夫和利顿·斯特雷奇在牛津郡的佩帕德小屋，1910年。摄影师不详。

在此期间，伍尔夫也开始出席音乐会。她沉浸在音乐的海洋里——斯特拉会弹钢琴，也会拉小提琴，海德公园门和塔兰德屋洋溢着音乐的气息——她经常去女王大厅（Queen's Hall）观看指挥家亨利·伍德（Henry Wood）的演出。1905年2月，她观看了施特劳斯《家庭交响曲》的首场演出。同月，她在女王大厅观看勃拉姆斯和贝多芬作品演奏会，还目睹了爱德华·埃尔加（Edward Elgar）指挥自己创作的乐曲，包括《威风凛凛进行曲》。在1912年结婚之前，她经常参加音乐会。她承认自己没有什么音乐天赋，但受到埃塞尔·史密斯的启发，让她理解了更多音乐作品。埃塞尔·史密斯是一位作曲家、女权主义者和传记作家,也是她的密友。1930年史密斯认识了伍尔夫,成为一个忠诚的、"苛刻的、极具诱惑力的、亲密的"朋友。(D, VI, 364) 曾在霍加斯出版社出过书的南非作家威廉·普洛默(William Plomer),在他的自传中描绘了他们第一次见面的情景:

> 作曲家说起话来滔滔不绝。作家几乎立刻哑口无言,因为笑声,她笑得无法抑制……"但是埃塞尔——"她说,然后再也说不下去了。她笑得泪流满面,可是作曲家就像一支正在激情演奏的管弦乐队,确定有这么一位好听众之后,坚定不移地奏响她的主旋律。

1909年伍尔夫扩大社交圈,认识了思想独立的奥托琳·莫雷尔夫人,她最初是由斯特雷奇介绍的。她是一位女房东、女资助人和摄影师,是当时最著名的艺术支持者,还把自己在牛津郡的嘉辛顿庄园变成避难所,接纳一战期间那些不肯服兵役的人,那些男人在她的农场里干活,他们偶尔会把注意力分散到一群在花园里散步的孔雀身上。第一位受邀的反战者是D. H. 劳伦斯(D. H. Lawrence),克莱夫·贝尔和大卫·加内特等人紧随其后。奥托琳的丈夫菲利普·莫雷尔(Philip Morrell)是自由党议员。奥托琳会定期参加在菲茨罗伊广场29号举行的第二轮星期四聚会,"高个子年轻男人们坐在那里……用几不可闻的急促声音谈论着在我看来令人兴奋的话题"。最重要的是可以听到"弗吉尼亚银铃般的声音……唤醒并驱散呆板的思想"。奥托琳集古怪与优雅于一体,她相信行动大于一切:"我害怕停滞不前,冒险和失败要好得多。"她身高 1.83 米(6 英尺),还在靠高跟鞋和大帽子提升身高,用奥斯伯特·西特韦尔(Osbert Sitwell)的话说,她变成"一座栩栩如生的公共纪念碑"。

伍尔夫在经历了 1915 至 1916 年的精神崩溃之后,她和伦纳德第一次在牛津郡东南部的嘉辛顿庄园过周末,那里有游泳池和孔雀。伦纳德深受打击:

> 奥托琳就像她自己养的孔雀,披着奇奇怪怪的、色彩鲜艳的披肩,穿着飘逸的衣服,在房子里和阳台上晃荡,她脑袋上顶着染得一团糟的红头发,高昂的头如同孔雀一般往后仰起,她那奇怪的鼻音和嘶哑的笑声,似乎随时都可能变成孔雀的嘹亮叫声……

奥古斯都·约翰(Augustus John)和西蒙·伯西(Simon Bussy)曾为奥托琳作画,她也是 D. H. 劳伦斯《恋爱中的女人》里赫敏·罗迪丝(Hermione Roddice)夫人的原型;她那夸张的举止吸引了大家的眼球。她成为伍尔夫一生的挚友,1938 年她去世时,伍尔夫在《泰晤士报》上为其刊登了讣告。

1909年4月伍尔夫意外收到一笔她姑姑、莱斯利的妹妹卡洛琳·艾美莉亚·斯蒂芬赠予她的2500英镑的遗产，与之相比，艾德里安和瓦妮莎每人只收到100英镑。1904年，伍尔夫和她的姑姑一起住在剑桥，当时她正从父亲去世后的精神崩溃中复原。卡洛琳·斯蒂芬是一位虔诚的贵格会教徒，极其崇拜她的哥哥斯蒂芬，这令伍尔夫很恼火，因为伍尔夫知道她父亲的缺点。不过在《一间自己的房间》中，她收到的这笔遗产被美化成一种获得写作所需的安全感和私密性的途径。伍尔夫为卡洛琳写的讣告中强调，她姑姑一贯谨言慎行，严格遵守贵格会的教义。卡洛琳可能是《岁月》中埃莉诺·帕吉特和《幕间》中斯威森太太的原型。

一方面是为了克服失去索比的痛苦，另一方面是出于好奇，伍尔夫开始探索伦敦，她经常步行，有时也会坐在公交车的上层。如果时间紧迫的话，她偶尔会乘地铁。她对这座城市很着迷，经常徒步从西走到东，或者沿泰晤士河散步，这在她的小说中可以发现痕迹，比如《岁月》中马丁·帕吉特停下来欣赏圣彼得大教堂：

> 他走过去，背靠一家商店橱窗站着，仰望着那巨大的圆顶。他全身的重量似乎在移动。他有一种奇特的感觉：他体内涌动着某种东西与那座建筑和谐一致。（Y, 216）

公园、广场、社区和街道构成了伍尔夫小说的结构,老少皆可体验。《雅各的房间》中雅各·弗兰德斯坐在海德公园里探讨建筑和法律制度;《达洛维夫人》中,塞普蒂默斯·沃伦·史密斯(Septimus Warren Smith)坐在摄政公园的长椅上产生了幻觉。在她的作品中,伦敦与其说是一个背景,不如说是一个角色,这和狄更斯的作品很像。伦敦在伍尔夫自己的生活中也同样重要:她和约翰·梅纳德·凯恩斯在戈登广场的公园里闲聊;她和克莱夫·贝尔在格林公园里谈论艺术;她和奥尔德斯·赫胥黎(Aldous Huxley)在邱园里探讨作品。场所、空间与现实中的人物、想象中的人物交织互动,激发了思维、想象和情感。

正如她在随笔《牛津街之潮》中所讲的那样,牛津街就像一块磁铁,既吸引着她,又排斥她。买卖"太喧嚣刺耳",但是"当你伴着落日余晖闲庭散步时……牛津街如同一条飘逸起伏的缎带,魅力惑人"。考文特花园(Covent Garden)同样蕴含着文化冲突,就像《岁月》中的拉斯韦德女士身穿银色晚礼服所经历的那样,当她乘车前往歌剧院时:她的车缓缓前进,"考文特花园的清洁工,身穿普通工作服的邋遢小职员,系着围裙、相貌粗鄙的女工们,瞪着眼睛向车里看她。空气里有浓烈的柑橙和香蕉味"。(Y,173)

伦敦让伍尔夫很兴奋,但是它对她造成的心理影响和她紧张不安的精神状况迫使她搬到乡下去住。蒙克屋成为一个远离激动、喧哗和刺激的庇护所。但伍尔夫明白伦敦是她创作的源泉:"伦敦永远吸引着我,激励着我,不费吹灰之力就能给我一场戏剧、一个故事、一首诗,只需要我迈着双腿穿梭在大街小巷。"(D, III, 186)在描述了大街上熙熙攘攘的人流之后,她承认"独自在伦敦散步是最惬意的事"。(D, III, 198)她很迷恋牛津街,可是在她遭遇抢劫后这种心理有所改变。1930年12月23日,她在日记中写道,她把钱包放进大衣里,可转眼间钱包连同6英镑和两个胸针一起不翼而飞。她写道:"慌乱、遗憾、丢脸、好奇,有点懊恼、傻乎乎的,被小偷搞得很不开心——雾气茫茫的傍晚——身无分文地走回家。"(D, III, 339-40)但正如她在《街头漫步》(1927年)和《一个伦敦人的肖像》(1931年)中所强调的那样,伦敦不仅仅是"一幅壮观的景象,一个商业中心,一座法院,一片工业区,也应当把它看作是人们邂逅、谈天说笑、婚丧嫁娶、绘画、写作、表演、裁决及立法之所"。

当然,身为一个登山家的女儿,散步和探险对伍尔夫来说并不算什么稀罕事,1924年她告诉维塔·萨克维尔-韦斯特,她是和"育婴房里的登山杖一起长大的,还有一张阿尔卑斯山地图,上面标示着我父亲攀登过的每一座山峰"。(LEET, III, 126)但是她最喜欢伦敦和沼泽。正如她在《街头漫步》中写的那样,走在大街上,"抖落朋友们素为熟悉的自我,成为大街上籍籍无名的人海中的一员。斗室幽处之后,和他们混迹在一起真是惬意"。对她来说,冬天的街道何其美丽,"既一览无遗,又模糊不清",这正是她在人物角色和小说中所追求的神秘感。

3 菲茨罗伊广场 29 号
1907—1911 年

> 想想一列火车:十五节车厢都是为抽烟的男人设的。这难道不让你热血沸腾吗?如果我是一个女人,我就要给男人当头一棒,让他们清醒清醒。
>
> 《远航》(1915 年)

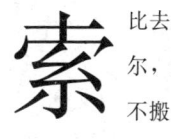比去世两天后,瓦妮莎同意嫁给克莱夫·贝尔,这意味着伍尔夫和她的弟弟艾德里安不得不搬出戈登广场 46 号。流离失所的他们在菲茨罗伊广场 29 号找了一个新家,它位于这个略微衰败的广场的西南角上,那里没有豪宅,随处可见的是办公室、出租屋和小手工作坊。瓦妮莎和克莱夫·贝尔继续住在戈登广场的房子里。19 世纪 90 年代,萧伯纳在结婚之前和母亲住在菲茨罗伊广场 29 号的三楼和四楼。1907 年,伍尔夫和艾德里安带着他们的厨娘苏菲·法雷尔、女仆莫德及一条叫汉斯的狗搬进来。不久,其他人也加入他们的行列:

邓肯·格兰特在菲茨罗伊广场22号有两间房,其中一间给约翰·梅纳德·凯恩斯住;罗杰·弗莱在33号创建了奥米茄艺术工场;瓦妮莎后来在菲茨罗伊街8号的拐角处租了一间工作室。

菲茨罗伊广场29号二楼客厅的墙上挂着G. F. 瓦茨为莱斯利·斯蒂芬作的肖像画和一幅荷兰画家创作的《贵妇画像》[1]。三楼全归伍尔夫使用,凌乱不堪的起居室里堆满了书,主要家具是一张高脚桌。她每天早上会站着写作两个半小时,双层玻璃窗隔绝了室外的声音。1907年,她就是在那里开始创作《美琳布罗西娅》的,该作品于1913年完成,1915年出版时更名为《远航》。

菲茨罗伊广场上乔治王朝风格的排屋

---

[1] 伍尔夫后来在她的喜剧《淡水》中塑造了一个酷似乔治·弗雷德里克·瓦茨的讽刺形象。

客人们往往在晚上十点来到菲茨罗伊广场29号，常常待到第二天凌晨两三点钟，喝喝威士忌和热可可，吃吃小圆面包。伍尔夫刚开始还很害羞，但她听得很认真，通常只跟旁边的人交谈，从不面对大家说话，她边抽烟边仰卧在一张长沙发里。邓肯·格兰特经常来，他是艾德里安的好朋友，他说："她当时对大多数男人都有点冷漠，甚至有点凶。"但是剑桥大学那群人——斯特雷奇、凯恩斯、悉尼-特纳、贝尔——一直是常客，而且颇受欢迎，他们在伍尔夫和她姐姐面前畅所欲言："除了在批评方面完全坦诚，并且尊重彼此的观点之外，别无所求。"正如格兰特对伍尔夫的总结，"没有人如此迷人又凶巴巴地冒犯别人，除非十足的傻瓜"，但是她能让"最庸俗的人"产生敬意。

伍尔夫可能为人苛刻，邓肯·格兰特清清楚楚地写道：

> 在那些日子里，和弗吉尼亚·斯蒂芬交好可不是件容易的事。的确，关系越亲密，危险就越大——突然爆发严厉批评的危险……这种羞怯或凶恶是她与世界作战时的一种必要的自卫。她认为，世界必须按她的方式接受她，否则就一切免谈。

多年后，伊丽莎白·鲍恩（Elizabeth Bowen）回忆道，伍尔夫"会突然对别人品头论足，她一直就是这样的人。这只是一时的恶意，而不是彻头彻尾的无情……凡是让她觉得厌烦或者可笑的人,她常常对人家态度恶劣"。伍尔夫也渴望了解"人们生活中的所有细节"。她的外甥女安吉莉卡·加内特认为她是"娴静美人和毒舌妇"的组合体,"这对那些胆小而不敢回应的人来说是致命的"。

伍尔夫还喜欢逗弄并引导别人畅所欲言,"她的肢体动作干净利落,然而她给人的印象是处于一种因紧张、亢奋而颤抖的状态,其精神紧张到几近崩溃"。甚至连说话都成为一种表演。

> 她手上夹着一支烟,身体前倾,在说话之前,像一只高贵的猛禽那样清了清嗓子。然后,她说话的时候,想象着自己所讲的,突然激动起来,声音变得嘶哑,就像一个男生扯着嗓子发出来的。从她那嘶哑的高音中,人们可以感受到她生活中的全部幽默和欢乐。然后,她会一屁股坐在椅子上,哈哈大笑,被自己的话逗乐了。

伍尔夫有顽皮的一面,1909年她在植物园举办的一次化装舞会上装扮成埃及艳后。第二年她参与了那场大获成功的"无畏号战舰恶作剧",那是由艾德里安和朋友们,包括伍尔夫在内,精心策划的一场骗局,他们冒充一个阿比西尼亚代表团,要求参观海军最秘密的战舰——"无畏号战舰"。随行人员用斯瓦希里语掺杂着他们会的几句拉丁语说话。伍尔夫头上包着头巾,身穿绣花宽松长袍,腰间挂着一条金链。报纸揭发了这场骗局,这让作案人员很高兴,同时也暗示了他们的反战立场——在第一次世界大战期间,大多数布卢姆斯伯里团体的成员实际上都是有良知的反战者。伍尔夫在短篇小说《一个协会》中提到这一事件,有个人物讲述了她扮成埃塞俄比亚王子登上一艘英国皇家舰艇的经历。从异装癖好可以预见《奥兰多》里的某些主题。

"无畏号战舰恶作剧"剧照,1910年2月7日摄于拉斐特工作室,在这伙人乘火车前往韦茅斯前夕。从左往右:弗吉尼亚·斯蒂芬、邓肯·格兰特、贺拉斯·科尔、安东尼·巴克斯顿(坐着的)、艾德里安·斯蒂芬和盖伊·里德利

当时伍尔夫还开始非正式地为妇女选举权运动工作,这在一定程度上是受她早年的希腊语老师珍妮特·凯斯的

影响。她在1910年1月1日写给凯斯的信中问,她是否可以帮忙给"成年妇女参政论者"写信封上的地址(LETT,I,421)。这是她早期接触到的女权主义、女性独立和自由,《远航》中就出现此类话题。特伦斯·休伊特(Terence Hewet)告诉雷切尔,他经常走在伦敦的大街上,那儿的居民"像排好队似的住在街道两旁……我真想知道其中的

罗杰·弗莱,1918年2月28日,奥古斯都·查尔斯·库珀拍摄

女人究竟在做什么"。(VO,245)然后他很惊讶地说,现在是20世纪初,"而就在几年以前,女人们还不能独自迈出家门,不能发表意见"。(VO,245)他对雷切尔说,这一切都在改变,并且以一列火车的生动画面结束谈话:"十五节车厢都是为抽烟的男人设的。这难道不让你热血沸腾吗?如果我是一个女人,我就要给男人当头一棒,让他们清醒清醒。"(VO,245)

在《夜与日》和《岁月》中,伍尔夫对妇女选举权的评论更加明确。《夜与日》中玛丽·达切特(Mary Datchet)在一个为妇女争取选举权的机构里工作。《岁月》中的"1910"一章,露丝·帕吉特参加的会议可能是以"妇女社会政治同盟"为原型。在接下来的一章中,露丝因为扔了块砖头被捕。《一间自己的房间》和《三个基尼金币》进一步记录了伍尔夫对女权运动的支持,她与"妇女合作协会"和"妇女选举权全国联盟"的联系就是证明。

这时,布卢姆斯伯里团体又多了一名成员,他就是艺术批评家兼讲席教授罗杰·弗莱。瓦妮莎与弗莱首次碰面是在德斯蒙德·麦卡锡在切尔西举办的一次聚会上。1910年1月,克莱夫·贝尔和瓦妮莎又在从剑桥去伦敦的火车上与他偶遇,他还对意大利绘画和中国艺术侃侃而谈。弗莱认为,形式是感觉的产物,形状和色彩产生情感。他同时是一名画家,早年从剑桥大学国王学院获得自然科学学位。几年之后,他到巴黎的朱利安学院学习绘画。他被介绍给布卢姆斯伯里团体,1910年2月25日他在瓦妮莎举办的戈登广场"星期五俱乐部"活动现场发言。伍尔夫当时参加了,后来回忆说,他现身时"穿着一件宽大的阿尔斯特大衣,每个口袋里都塞着书、颜料盒或其他有趣的东西……胳膊下紧紧夹着画布。他头发飞扬,双眸熠熠生辉"。他比大多数成员都年长十几岁,是一名贵格会教徒,起初在剑桥大学主修科学,但为了艺术而放弃了它。伍尔夫在《罗杰·弗莱传》中写道,他发现很难进行"专题研究",但是他"每周会与剑桥使徒社成员们就各种问题做'泛泛而谈'"。与布卢姆斯伯里团体的其他成员一样,他拒绝接受传统观念,总是质疑公认的至理名言。

当时弗莱刚离开纽约大都会艺术博物馆(Metropolitan Museum of Art in New York),他曾在那里担任绘画部主任,负责给博物馆采购藏品。回国后,他拒绝了泰特美术馆(Tate Gallery)的主管一职,希望能获得剑桥大学斯莱德(Slade)教授职位,但是没有成功(1906年他曾拒绝担任英国国家美术馆主任一职,因为他已答应去纽约)。他完全靠写作赚钱。在伦敦,他还收到妻子海伦因精神问题被送进精神病院的确认书。他的这种个人状况很快导致他与瓦妮莎陷入婚外情,后者的婚姻在1911年出现危机。与瓦妮莎的恋情使他与伍尔夫有了更密切的来往,他很快成为一名旅游向导:负责带领布卢姆斯伯里团体去土耳其和意大利参观拜占庭时期的马赛克镶嵌画,此外,他还把贝尔夫妇带到马蒂斯和毕加索的画室。

1910年和1912年，弗莱先后两次在英国举办后印象派画展，这两次画展都引起了激烈的论战。第一次画展上，他介绍了自己提出的色彩支配光和影的美学观。画展主题为《马奈与后印象画派》，德斯蒙德·麦卡锡担任他的助理，弗莱展出了一批现代外国画作（展期：1910年11月—1911年1月）。弗莱和麦卡锡从巴黎画商那里弄到梵高、高更、马奈、马蒂斯、毕加索和塞尚等艺术家的作品。1912年秋天在格拉夫顿美术馆（Grafton Galleries）举办了第二届画展，尽管媒体和阿瑟·柯南·道尔[1]（Arthur Conan Doyle）等观众都充满敌意，道尔称这些画家是流氓和骗子，但是画还是卖掉了，每天都有将近四百人前来参观。第二届后印象派画展，以英国、法国和俄国艺术家的作品为特色，伦纳德·伍尔夫担任弗莱的助理。

弗莱的美学理论，即艺术家是创造形式而不是摹仿形式，艺术本身是一种沟通情感的手段。这一观点是在《造型艺术中的表现和再现》（1908年）和《一篇美学论文》（1909年）中提出来的。他开始关注构思、块面、色彩和含义。他的思想对伍尔夫影响重大。就像弗莱借助文学来

---

[1] 阿瑟·柯南·道尔（1859—1930），生于苏格兰爱丁堡，因塑造了成功的侦探人物——夏洛克·福尔摩斯而成为侦探小说历史上最重要的作家之一。代表作有《福尔摩斯探案集》。（译者注）

理解绘画一样——1913年他在写给朋友G.L.迪金森的信中说道,"我一直在批评诗歌以理解绘画"——伍尔夫则通过绘画来理解文学。1917年,她记录下一段对话,弗莱问她,她的"写作是基于神韵还是结构;我把结构和情节联系起来,因此回答说'神韵'。然后我们探讨结构和神韵在绘画和写作中的意义"。(D,I,80) 后来,她在1927年5月写给他的一封信中提到他的影响,赞扬他帮助自己在写作中保持专注力:

> 我觉得是你督促我继续走在正确的道路上……我写《灯塔》没有任何企图。我不得不在书中贯穿一条中心线,以便把构思聚拢起来。我知道种种感受将聚集于此,但我拒绝把它们理出头绪,我相信人们会把它变成自己情感的沉淀。(LETT,III,385)

在这部小说中,莉莉·布里斯科在画布的中央画上一道线,就此完成了她的"有着绿色和蓝色"的画作。她心想:"画完了。"(TL,170)

弗莱为人直率,他对伍尔夫的作品不留情面地批评,有时实际上是一种积极力量。她认为,他是"我朋友里最聪明的一个,又可笑得离谱,永远富有创造力"。(LETT,V,366) 他还帮助邓肯·格兰特和瓦妮莎增强绘画的信心。弗莱、格兰特和贝尔是第一批获得公众认可的布卢姆斯伯里团体的成员,时间大约在1910至1913年。当时伍尔夫和斯特雷奇还未崭露头角。

1913年,弗莱在菲茨罗伊广场33号成立了奥米茄艺术工场,致力于与室内设计相关的装饰艺术,包括家具、纺织品和手染衣料。工场断断续续维持了六年,直到第一次世界大战爆发后才歇业。他的动机之一是为了帮助年轻艺术家们谋生,不仅通过卖画,还可通过室内装饰和设计桌子、椅子、碗、花瓶、盒子,使其与壁画、窗帘和家具协调一致,创造出一种整体效果。布艺、家具和陶器特别受关注。奥米茄艺术工场由弗莱创立,邓肯·格兰特和瓦妮莎是其联合负责人。尽管他们借鉴了法国后印象派为主的艺术风格,偏爱浓墨重彩,同时也对装饰艺术颇为关注,但并没有形成独特的奥米茄风格。摄影是奥米茄艺术工场着力推动的另一个元素,格兰特和贝尔夫妇的家庭相册和人像照片反映出他们感兴趣的是构图,而不是对焦和曝光。他们认为拍照这件事远比拍摄过程更重要。

但是对伍尔夫来说,这是一段艰难的时期,自从3月以来,她身体一直不舒服,部分原因是由于她的工作,部分原因是由于她和姐夫克莱夫·贝尔的暧昧关系。这段感情是从1908年朱利安·贝尔出生之后开始的。他们之间的纠葛让伍尔夫产生了很大的负罪感。她觉得自己被嫁给贝尔的姐姐抛弃了,这次私通可能是她报复姐姐的一种手段。但是他们的关系逐渐冷却下来,因为伍尔夫后来得知贝尔与有夫之妇安妮·雷文-希尔（Annie Raven-Hill）重续旧情。这事发生在贝尔和伍尔夫调情期间，并从1909年持续到1914年。随后他又与玛丽·哈钦森（Mary Hutchinson）开始了一段漫长的恋情，从1915年持续到1927年，尽管后者在1910年就已结婚。但贝尔至少表面上对伍尔夫还保持着爱意，就在她嫁给伦纳德之前，他写道："无论发生什么，我都会自欺欺人，相信我比你丈夫更欣赏你，更爱你。"[1]

在这期间，伍尔夫把《美琳布罗西娅》的部分原稿拿给贝尔看，以听取他的意见。他先前支持她想成为一名小说家的决定，但在1909年冬天，他反对她在小说中对男人的描绘。为什么女人被赋予那么多的同情心，而男人却没有？在贝尔看来，这些男性形象尽管受过教育，却都专横、粗鲁而又无知。伍尔夫回答说，身为一个男人，他不能正确地判断女人是如何看待男人的。直到1912年，她还在写这部作品，但再也没给贝尔看过。

伍尔夫的病可能起因于她对索比的死自责不已：当她

---

[1] 贝尔之于伍尔夫，参见马克·赫西的《弗吉尼亚·伍尔夫大全》第17页（纽约，1995年）。关于布卢姆斯伯里团体有一句流行的俏皮话："生活于方寸广场，爱情中三角纠缠。"拉夫·帕特里奇与利顿·斯特雷奇、多拉·卡林顿一起住在哈姆斯普雷宅期间，自创了一个叫"哈姆斯普雷三角汉堡"（火腿和鳕鱼籽放在吐司上）的做法。不过，目前尚不清楚他是在和卡林顿结婚之前还是之后发明这个配方的。参见简·翁达尔·罗宾斯的《布卢姆斯伯里食谱：生活、爱情和艺术之方法》第60-61页（伦敦，2014年）。尼克·兰金在《伦纳德·伍尔夫之被遗忘的斯里兰卡小说》中引用了"爱情中三角纠缠"这一评论，《BBC杂志》（2014年5月12日）。

意识到索比的医生不靠谱、误诊他的病时,她没有采取行动。这位医生还建议伍尔夫不必从别的专家那里征询医疗意见,她同意了。特伦斯·休伊特经历过类似的情况,他在《美琳布罗西娅》(以及在更加完整的《远航》)中也认为雷切尔的医生出了差错。雷切尔的死在《远航》的初稿和终稿中,都可以被解读为是按照索比之死改编的。更复杂的是,这还涉及伍尔夫与贝尔最初的恋情。在与贝尔和瓦妮莎一起度假期间,伍尔夫与贝尔就性别差异,以及如果没有外表上的吸引力是否存在情感层面的吸引力等问题,展开了激烈的辩论,所有这些都在她当时正在创作的《美琳布罗西娅》中反复提到或者至少有所描写。

在写《美琳布罗西娅》时,她在1888年6岁时被同母异父的哥哥杰拉德性侵(以及后来在1904年她十几岁时,杰拉德和他的弟弟乔治可能纠缠过她)的记忆很可能再度出现。抑郁症或精神崩溃可能是这种原始或早年乱伦的结果。她的症状包括情感冷漠、精神分裂、内心痛苦和对身体的负面情绪,还有睡眠紊乱、饮食失调、焦虑、恐惧和不信任。这些特征在她塑造的第一个女主人公雷切尔·温雷克身上得到体现,雷切尔和伍尔夫一样,最初被社会习俗和疾病限制在家里。

不论是在《美琳布罗西娅》,还是在《远航》中,海伦·安布罗斯(Helen Ambrose)、雷切尔·温雷克和特伦斯·休伊特都陷入三角恋关系,这也是取材于伍尔夫与姐姐和克莱夫·贝尔之间的困境。小说中，已婚人士理查德·达洛维令人震惊地亲吻了未婚又柔弱的雷切尔。在小说的第一个甚至第二个版本中，男人占主导地位，克拉丽莎·达洛维（Clarissa Dalloway）对丈夫的每一个要求都做出回应，无条件支持他。失恃的雷切尔从别的女人（譬如海伦）那里寻求帮助。两个女人在圣罗莎（Santa Rosa）遇见特伦斯·休伊特和他的朋友圣约翰·赫斯特。休伊特试图教导雷切尔，而赫斯特则想掌控她。但伍尔夫本质上是在讽刺男人懂什么呀。例如，雷德利·安布罗斯（Ridley Ambrose）为了编写《品达》去南美，却很难找到合适的椅子来工作。自负的理查德·达洛维对着雷切尔大谈女人的弱点，还说她们缺乏逻辑。

雷切尔和特伦斯确立了恋爱关系，但她拒绝身体上的接触，对他说自己有"心理创伤"。海伦随后追赶雷切尔，摔倒在她身上，向她表达了爱意。雷切尔困惑不已。可是在沿河上溯的旅程结束后，雷切尔生病去世。乘船旅行如同一场拒绝各种诱惑的心灵之旅程。初稿还对工会运动、劳工骚乱和妇女参政运动，以及另外一些社会和政治话题予以评论。1909年，伍尔夫在给斯特雷奇的信中写道，她明白描写一位想"直率地说出自己关于性别困惑"的女性所面临的挑战。1912年，她一直在写这本书，但选择不出版，因为它描述了性骚扰对年轻女性心理造成的影响，并且批评性别政治。

如果有人进入她的房间，伍尔夫就会把手稿藏起来，可能是担心对受过教育的男人们的讽刺描写会遭到批评家们冷遇。1910年，她完成了《美琳布罗西娅》的初稿，并从疾病中恢复过来，之后又写了两个更完善的稿本。在嫁给伦纳德之后，她完成了决定在1912年出版的那一稿，并将其更名为《远航》。它没有那么直接，雷切尔没有那么愤怒，政治和性别问题也处理得比较低调。从文本上看，她为完成这部小说挪用了《美琳布罗西娅》，并且提议评论者们可以去重新组合出一个读本。这个读本最终于2002年问世。伍尔夫还在1920年对该小说的美国和英国版本进行修订，删掉大约3 500个单词，添加了728个单词。伍尔夫通常会将自己小说的打字稿销毁，只留下亲笔手稿，但是《美琳布罗西娅》却是一个例外。书名"美琳布罗西娅"一词可能是希腊文单词"甜蜜"和"珍馐"的讽刺性组合。可是这部作品的文风有点过，比如说，特伦斯和雷切尔对话时提到两人初次见面时的情景：

"我对你的第一印象，"特伦斯说，"是你在野餐时说'人'。我差点当场就向你求婚。"

"为什么？"她问。

"你拥有一个自由的灵魂！"他高呼，"这就是我爱你的原因。对你来说，时间、婚姻或其他任何事情都没有差别。我们两人都是自由的。这就是为什么我们在一起生活将会是世界上最美妙的事情!"

而在《远航》中,人物的对话温和,话题也集中在事件的来龙去脉上:

> "当我第一次看见你的时候,"他说,"我觉得你会一辈子与珍珠和老骨头为伴。当时你的手是湿的,还记得吗?你一直一言不发,直到我递给你一块面包,这时候你说,'人!'"(VO,341)

对这些话题进行重构是紧张激烈的,甚至超乎想象,其结果是伍尔夫在1910年6月住进特威克纳姆(Twickenham)的一家疗养院静养。此外,1913年这部小说完成后,她陷入一段旷日持久的抑郁症和精神病发作期,在此期间她在1913年9月9日自杀未遂。很久以后,在1934年,她又遭遇类似的经历。她在10月17日的日记中写道,完成《岁月》后,她感到"沮丧",翻看过去的日记:"发现在写完《海浪》之后也同样痛苦。《灯塔》完成后,我记得我比1913年更想自杀。"(D,IV,253)这种想法的产生在某种程度上是因为,在精神高度紧张地写完小说中的人物角色和他们的思想之后,她心里一下子空了。加之斯特雷奇和弗莱先后在1932年和1934年去世,他们的离去使她的空虚感进一步加深。

4 不伦瑞克广场 38 号
1911—1915 年

在简·奥斯丁的《爱玛》中,约翰·奈特利夫妇(John Knightley)住在不伦瑞克广场(Brunswick Square)。伍尔夫在观看了迪亚吉列夫(Diaghilev)不同凡响的俄罗斯芭蕾舞团在伦敦的第一季演出后不久,她和弟弟艾德里安于 1911 年 11 月 20 日搬到不伦瑞克广场。这个芭蕾舞团后来以其独创的舞蹈编排、杰出的舞者和前卫的音乐,给芭蕾舞界带来一场革命。很快,约翰·梅纳德·凯恩斯、邓肯·格兰特,然后是伦纳德·伍尔夫加入他们,大家共同生活在一起。菲茨罗伊广场 29 号的租约期满后,伍尔夫和艾德里安决定寻找一处大点的房子。他们想要一栋房子与朋友们合住,于是就落户在不伦瑞克广场 38 号。这里没菲茨罗伊广场那么吵,并且离城市更近,伍尔夫喜欢在伦敦城里散步。身为唯一的女人和四个男人生活在一起,对她来说再合适不过。住在不伦瑞克广场时期,她的生活看上去要比在戈登广场 46 号甚至菲茨罗伊广场时更为激进,因为直到1911年一个单身女性如果没有年长妇女的陪伴,跟四个男人住在一起,即便其中有一个是她的兄弟,也算得上是一桩丑闻。对于一位29岁的女士来说,更是如此。在伍尔夫写信给伦纳德介绍家里的规矩和用餐时间之后,伦纳德于12月4日搬到顶楼,他和伍尔夫很快重新燃起了对共同爱好——文学的激情,经常在他或她的房间里一起用餐。她甚至把《美琳布罗西娅》的文稿拿给他看。他几乎立刻爱上了她,三次向她求婚,最后她终于接受,这让他足足等了四个月。

格兰特和凯恩斯住在一楼,他俩共用一个房间,房间里装饰着格兰特画的一幅伦敦街景。伍尔夫住在三楼,房间里乱七八糟地堆着文件和图书。伦纳德从锡兰回来后受邀加入他们的团队,他住在伍尔夫楼上那间原本是用人住的房间。但这个家有规定:早上9点吃早餐,下午1点吃午餐,下午4点30分吃下午茶,晚上8点吃晚餐。人人用餐盘吃饭,允许大家分头用餐,但是他们经常凑在一起吃——尽管所有餐盘都要放在餐厅,还回来时杯盘狼藉。当对餐盘制感到厌倦时,他们或单独或结伴不止一次地跑去戈登广场瓦妮莎和贝尔那里蹭饭。然而访客们很快就来到不伦瑞克广场38号,就像他们在戈登广场和菲茨罗伊广场一样。

1911年6月,伍尔夫心情沮丧地写信给瓦妮莎:"29岁了还没嫁人——真是失败——没有孩子——还患有精神病,也没当上作家。"(LETT, I, 466)然而,十四个月之后一切就发生了改变,1912年8月9日星期六,她和伦纳德·伍尔夫在圣潘克拉斯镇公所(St Pancras Town Hall)结婚了。但是婚后不久,她又经历了第三次严重的精神崩溃。她后来在1930年写给朋友埃塞尔·史密斯的信中讲道:

> 于是我结婚了,我的脑袋里像炸开了花。我可以向你保证,疯狂是一种可怕的体验,千万不要对此嗤之以鼻;虽然身处水深火热之中,我觉得仍然能把绝大部分事情写下来。(LETT, IV, 180)

正如伍尔夫写信给朋友马奇·沃恩讲的那样,她最初对伦纳德产生兴趣是因为他"管理着锡兰土著人,发明过犁,猎杀过老虎"。(LETT, I, 503)伦纳德是一个犹太人,也写小说,伍尔夫在写给维奥莱特·迪金森的信中说,他"认为我的写作是我最大的优点",他让我想说"如果婚后让我停止写作的话,我就离婚"。(LETT, I, 502)当然,弗吉尼亚早在婚前就已发表过不少作品(例如69篇评论),套用她在1909年写给利顿·斯特雷奇的信中所说的话,她是"一位吃苦耐劳的女人",做事仔细,一丝不苟,小心谨慎,只有和那些她认为才智与自己旗鼓相当的人才能轻松地相处。(LETT, I, 38)

伦纳德1880年出生在伦敦，靠着一笔古典文学奖学金进了剑桥大学。他与弗吉尼亚·斯蒂芬的身世很像，早年丧父。他们家有十个孩子，他排行老四，父亲是一位被同化的犹太律师兼英国王室法律顾问。1892年他父亲去世，伦纳德当时11岁；而弗吉尼亚母亲去世时，弗吉尼亚13岁。伦纳德先被送到布莱顿（Brighton）附近的寄宿学校，后来去伦敦的圣保罗学校学习，在那里他经常成为反犹太主义者嘲弄的对象。他的一位同班同学、未来的小说家康普顿·麦肯齐（Compton MacKenzie），后来以小伦纳德为原型塑造了一个人物角色埃米尔·斯特恩（Emil Stern）。斯特恩被刻画为"身体尚未发育成熟，还不能被称为帅小伙……一个有点魅力的异教徒，论说会得到校园里花花公子们的青睐，但因为他是一个犹太人，所以没人理睬他"。伦纳德还遗传了他父亲的一种神经质颤抖，最明显的就是他的双手。

1899年，伦纳德前往三一学院，不久他被选入剑桥使徒社，这个社团的成员限定为十二名年轻又有抱负的知识分子。其他成员包括利顿·斯特雷奇、约翰·梅纳德·凯恩斯和E. M. 福斯特等。索比·斯蒂芬和使徒社成员处得不错，虽然他自己并不是其中的一员。伦纳德与弗吉尼亚·斯蒂芬及她的姐姐瓦妮莎相识是在三一学院的索比宿舍里，时值1903年夏季学期的"五月周"期间。尽管姐妹俩面带羞怯，但她们身着白色连衣裙，头戴礼帽，手持遮阳伞，还是给他留下了深刻的印象。

1902年，伦纳德获得二等学位（斯特雷奇和索比·斯蒂芬也获得同样等级的学位），1903年秋天，他为了公务员考试又返回剑桥学习。奖学金已经用光了，他需要谋一份工作。他决定参加考试，但对十二份试卷没做丝毫准备，有几份试卷涉及的内容他甚至从来没有学过，比如政治经济学和经济史。尽管在这方面经验不足，但他还是通过了考试。1904年10月，他前往锡兰（今斯里兰卡），成为锡兰行政部门的一名实习官员，起初是在贾夫纳（Jaffna），后来在康提（Kandy）。他在五卷本自传的第二卷《成长》中，讲述了从他乘船远赴海外那一刻开始的冒险经历。

1904到1911年伦纳德一直待在锡兰，这一时期他目睹了英帝国统治盛极而衰的过程，他在自传中将其讲述得淋漓尽致。他是一名年轻的知识分子和行政官员，此前没有类似经历。从一开始，他就遇到不寻常的人物和局面，但事实证明他善于应对和解决人际关系与官僚政治问题。但是，正如最近有一位评论家所总结的那样，他是"一位成功的帝国主义者，并逐渐成为一名反帝国主义者"。伦纳德在《成长》中写道，他很享受权力和职位带来的阿谀奉承，虽然他声称没有意识到自己"是以一名帝国主义者、一名我们亚洲帝国的白人统治者身份进驻锡兰的"。当然，他刚从剑桥大学毕业，年仅24岁。随着时间的推移，他的亲身经历让他对自己的职位产生了矛盾心理，并意识到这个制度实际上具有剥削性,而且是有害的。尽管他在康提省拥有权力,但他认为康提人的封建主义似乎比英国人的帝国主义更正统。然而他依然举止得体,款待欧仁妮皇后(Eugénie)、殖民大臣兼锡兰代理总督休·克利福德爵士(Sir Hugh Clifford),以及其他到僧伽罗人的神庙佛牙寺参观的人。在锡兰,伦纳德发现他对佛教很感兴趣,可能是因为他更多地把它理解为一种哲学,而不是一种宗教信仰。在他根据锡兰生活创作的小说《丛林里的村庄》(1913年)

伦纳德·伍尔夫,瓦妮莎·贝尔创作于1940年,油画

的结尾部分，他把佛教思想描述为道德行为的一种指导原则，但不干涉信徒的日常生活，也不强迫人们相信超自然的存在。

弗吉尼亚·斯蒂芬和伦纳德·伍尔夫的订婚照，1912年

伦纳德投身于行政工作，被提拔为助理政务官，1908年8月又受命掌管锡兰东南部的汉班托特省，该省总面积大约2589平方公里（即1000平方英里），人口10万。伦

纳德自学僧伽罗语和泰米尔语，足迹踏遍他所管辖的行政区域，处理农业、司法、公共卫生、筑路、征税以及其他琐碎的事务。他开始了解这个地区的人们以及他们的生活。他还把自己的日常活动详细地写成一本日记，并于1963年出版。1911年，他返回英国之后以锡兰东南部为背景，动手写《丛林里的村庄》时，很大程度上是以这本日记作为蓝本。小说中有一起谋杀案与伦纳德亲自调查的一桩事件很相似，其中有具尸体在高温下慢慢肿胀。书中也有一场恰好发生在汉班托特法庭上的审讯，而现实中伦纳德本人担任过汉班托特的治安法官。这部发表于1913年的小说根据伦纳德的所见所闻撰写，真实可信，但它又与其他作品不同，因为它选择了一个与众不同的视角，是站在僧伽罗人的立场来讲述的。E. M. 福斯特的出版商爱德温·阿诺德（Edwin Arnold）出版了这部作品。数年之后伦纳德谈到，帝国统治的经历让他成为一名自由主义者；他后来目睹伦敦东区的贫穷，这让他成为一名社会主义者。不久后他参加了合作运动，又成为一名费边主义者，并写了一本专著《国际政府》（1916年），该书对国际联盟的创始人影响很大。

1911年6月，伦纳德从锡兰返回英国，同年7月在戈登广场46号晚餐之后与弗吉尼亚·斯蒂芬再次相遇。克莱夫、瓦妮莎·贝尔和邓肯·格兰特也在场。在熟悉她的人眼中，弗吉尼亚·斯蒂芬当时自恋又敏感，但特别善于观察别人。她思维敏捷，机灵又幽默。那年秋天，在她和艾德里安于1911年11月底搬到不伦瑞克广场38号之后，伦纳德几乎每天都去拜访她，在他们租房之前，伦纳德还陪着他们去实地考察。1911年12月4日，伍尔夫邀请他成为他们的顶楼房客。

尽管她年轻时收到过很多人的求婚，包括利顿·斯特雷奇、锡德尼·沃特娄（Sydney Waterlow）和沃尔特·兰姆（Walter Lamb）等人，但很快都被她拒绝了。只有伦纳德·伍尔夫的求婚让弗吉尼亚·斯蒂芬犹豫不决，未做明确答复。然而，瓦妮莎写信鼓励他说："在我所认识的人中，我认为只有你才有资格做她的丈夫。"他是1912年1月11日向她求婚的，2月她的态度仍然不明朗。在弗吉尼亚·斯蒂芬第三次精神病发作住进特威克纳姆的简·托马斯疗养院期间，他以私人原因为由向行政部门申请延长四个月的假期。殖民大臣很想知道伦纳德的"私人原因"究竟是什么，但他拒绝解释，既不愿通过书面形式告知，也不肯面谈。5月1日，他收到弗吉尼亚·斯蒂芬写来的一封措辞模棱两可的信，解释她对他的复杂感情。然而，他却大受鼓舞。此时他别无选择唯有辞职[1]。1912年5月7日，殖民大臣批准了他的辞呈。最重要的是，即使伍尔夫不嫁给他，他也决定不再回锡兰，就此放弃650英镑的年

---

[1] 与政府的往来书信和辞职信在他的自传《成长》结尾有提及。参见格伦迪宁的《伦纳德·伍尔夫》第132页。

薪。他在《重新开始》中写道:"我个人不喜欢成为被统治者的统治者。"令伦纳德感到欣慰和快乐的是,三周后,1912年5月29日,伍尔夫终于在不伦瑞克广场接受了他的求婚。之后,他们还去泰晤士河上划船来放松心情。

伍尔夫举棋不定是因为伴侣关系需要情感和性方面的投入,1912年5月1日,她把这事向伦纳德交待得清清楚楚:

> 就像我前几天残忍地告诉你的那样,我不觉得你对我有肉体上的吸引力。有些时候——几天前你吻我的时候——我觉得自己只是一块石头。可是你一向这样钟爱我,让我不知所措。这感觉如此真实,又如此陌生。(LETT, I, 496)

正如在信中所写的那样,伍尔夫直言对婚姻犹豫不决,没有掩饰自己的感觉。她特别强调,他是个犹太人,其"异教徒"身份令她却步,她"情绪不稳定","瞬间体会到冰火两重天,没有任何理由"。但她相信他会给自己带来幸福,虽然她还是"有些担心我自己"。她在信中表达了她对他的爱,希望他能"永远"和她在一起,但对未来怀有疑虑。她不想要性生活,如果他能接受,并让她"走自己的路",那么她将会很开心。她随信附了一张自己的照片,照片中的她身穿花呢裙,外罩开襟羊毛衫,头戴宽檐帽,正凝望着前方。(LETT, I, 496—497)

她的信写得很诚实,也发现了存在的问题,例如伦纳德的生理需求、犹太人身份和她的精神状态不稳定等。她在信中还直言不讳地谈论他们的关系,还有,对于一个30岁的老姑娘和一个希望通过写作谋生的前公务员来说,婚姻意味着什么?但她感兴趣的是,在共同的个人、文学和文化追求的前提下,建立一种新型婚姻的可能性。她对婚姻优柔寡断的态度很快体现在《远航》中雷切尔和特伦斯身上;在她的第二部小说《夜与日》中,这一态度也体现在凯瑟琳和拉尔夫的冲突中。是选择相亲相爱,还是坚持独立自主,女主人公陷入彷徨。伦纳德在同一时期创作的小说《聪明的处女们》也反映出这些问题,尤其是在卡米拉和哈里·戴维斯(Harry Davis)的关系当中,卡米拉想要过浪漫的生活("对我来说,重要的是远航"),而哈里·戴维斯是一个犹太人,对自己在英国社会中的地位感到愤怒,他说卡米拉身上没有生命,"没有热血";"你们女人都冷漠,让人感到不寒而栗……你说,你说——你身上没有热血!你什么都不做。"

伍尔夫感觉与伦纳德守寡的老母亲玛丽难以相处。玛丽住在帕特尼(Putney),没有被邀请参加他们的婚礼。伍尔夫去看望她时感觉既尴尬又不舒服,她告诉维奥莱特·迪金森:"工作、爱情和帕特尼的犹太人把我搞得疲惫不堪。"(LETT, I, 502) 1912年8月10日出席圣潘克拉斯镇公所婚礼的人员有,瓦妮莎和克莱夫·贝尔夫妇、罗杰·

弗莱、乔治和杰拉德·达克沃思兄弟、玛丽·费希尔（Mary Fisher）姑妈、邓肯·格兰特、撒克逊·悉尼-特纳、艺术家兼建筑师弗雷德里克·艾切尔斯（Frederick Etchells）。伦纳德家没人参加。之后，克莱夫和瓦妮莎在戈登广场举办了一场午宴。

1912年春天，在他们订婚之前，泰坦尼克号的惨剧对伍尔夫的写作观和她对《远航》的重写都产生了很大影响。正如前言所述，泰坦尼克号事件调查听证会在伦敦白金汉门的苏格兰大厅召开，她和伦纳德参加了第二天（1912年5月3日）的听证会，会议由官方任命的事故调查专员默西勋爵（即约翰·查尔斯·比格姆）主持。那天她可能听到的是船员和其他幸存者提供的证词。听证会持续了38天，召集了97名证人。1912年7月30日，最终报告呈递给议会。在调查继续进行的同时，萧伯纳在《每日新闻和领导者》（1912年5月14日）上发表文章《未提及的道德》，关注围绕沉船事件引发的争议，它揭露并抨击英国为保全颜面，维护民族自豪感，故意把某些所谓的英雄行为浪漫化的做法。就在那天，为筹集泰坦尼克救济基金在考文特花园举办了一次特殊的戏剧日场演出，托马斯·哈代上台吟诵自己那首令人回味的诗歌《合二为一》。阿瑟·柯南·道尔爵士很快在5月20日发表文章反驳萧伯纳，而萧伯纳于5月22日撰文予以回击，关于事件中某些个人行为的争议仍在持续发酵。毫无疑问，伍尔夫一直关注着这些唇舌之战,她可能还注意到约瑟夫·康拉德在《英国评论》上发表的一篇文章《关于泰坦尼克号沉没的思考》。

伍尔夫决定出嫁的另一个原因很可能是她发现了姐姐瓦妮莎和罗杰·弗莱的婚外情。此外,社会压力和性压力变得不受控制,当时人们的性关系很不稳定,颠覆了正常的习俗。所以,接受伦纳德可能是她对周围不确定的社会动荡和性紧张的一种抗议。为了庆祝两人喜结连理,他们在婚礼前双双完成了各自的第一部小说:伍尔夫的《美琳布罗西娅》和伦纳德的《丛林里的村庄》。

在苏塞克斯的阿什汉姆宅住了一晚,又在英格兰待了一周后,弗吉尼亚和伦纳德前往法国、西班牙和意大利进行为期六周的蜜月之旅,他们是在8月中旬离开,在10月初返回的。伍尔夫在旅行途中阅读《罪与罚》,她写信给斯特雷奇称赞陀思妥耶夫斯基是有史以来最伟大的作家。伦纳德则读阿诺德·贝内特[1]的《老妇谭》。他们返回英国后暂时住在不伦瑞克广场,随后租住在克利福德客栈(Clifford's Inn)13号,该客栈位于法院巷(Chancery Lane)和费特巷(Fetter Lane)之间,舰队街(Fleet Street)旁边。伦纳德在自传中这样描述其客房:"难以置信的老掉牙,还有难以置信的阴冷透风和肮脏邋遢",经常有灰尘簌簌飘落。但是他们喜欢这个地方,尤其是周末的沉寂和一

---

[1] 阿诺德·贝内特(1867—1931),英国作家,代表作是《老妇谭》。(译者注)

周的喧闹形成鲜明的对比(伍尔夫死后,1941年11月伦纳德返回克利福德客栈,在那里租了一套公寓;他在梅克伦堡广场的家被炸毁了)。1912年12月,这对新婚夫妇找到这个令人兴奋的地方,他们经常在舰队街上的老公鸡酒馆用餐,一方面是图方便,另一方面是伍尔夫还不会做饭。他们很喜欢伦敦的这片区域,它离斯特兰德大街也不远。1914年10月,在伦纳德的极力劝说下,他们搬到里士满周边更安静的地方之后,非常怀念当年这个地方。之所以搬走,是因为伍尔夫又一次精神病发作。他们在里士满待了九年。

还在伦敦时,伦纳德为罗杰·弗莱做事,担任格拉夫顿美术馆举办的第二届后印象派画家作品展的助理(1912年10月—1913年1月)。画展展出塞尚、马蒂斯和几位俄国艺术家的作品。伦纳德当时对弗莱的宣言做出热烈回应。这篇宣言收录在画展目录的前言中,弗莱认为这些画家们"并不试图摹仿形式,而是创造形式;并不摹仿生活,而是寻找生活的对等物"。弗莱的宣言,加上克莱夫·贝尔的《艺术》(1914年)将对弗吉尼亚的下一部小说《夜与日》(1919年)产生影响。

伦纳德当然不是像弗吉尼亚形容的那样是"一个身无分文的犹太人",她偶尔会挖苦他,最直接的表现是他们订婚不久她写给维奥莱特·迪金森的一封信:"亲爱的维奥莱特,我有事要向你坦白。我要跟伦纳德·伍尔夫结婚了。

他是个身无分文的犹太人。我幸福得超过所有人的想象——而我确信你也会喜欢他。"(LEET，I，500)虽然伦纳德既没有遗产继承,也没有遗产给人继承,但他是一个具有自主创业能力的人,成熟稳重,这可能对推崇独立意识的伍尔夫很有吸引力。他们结婚时,他有506英镑的资金可以投资(1908年,他在加尔各答的墨尔本杯赛马俱乐部赢得690英镑的奖金,他的资产大部分来自这笔钱);她则拥有继承来的9013英镑,另外还有300英镑(即她父亲在帝王门的第二套住宅卖房款的三分之一)。她的投资每年带来差不多400英镑的收益。因为他们的开支逐年增加,他们每年需要赚400至500英镑。据伦纳德说,直到1929年他们写书赚的稿费都不够用。弗吉尼亚的医药费非常高,在钱的问题上,她忧心忡忡。因此,她一直很想赚钱,经常撰写评论和文学批评来挣稿费。而伦纳德在自传里解释说,他决定"放弃写小说,看看能否从报纸杂志那里赚钱"。1916年至1929年期间,伍尔夫每年写的文章最多可达47篇,从不少于10篇。伦纳德小心谨慎地保管着账簿。

正如1913年4月伦纳德写给斯特雷奇的一封信中所述,他们的生活不久之后就变得很有规律。信是从阿什汉姆寄出的,那是伍尔夫与瓦妮莎在乌斯谷(Ouse valley)租的一幢偏远的小民宅,它位于苏塞克斯的纽黑文(Newhaven)和刘易斯(Lewes)之间,他解释说:"我们上午每人写750字,下午做调查研究;下午茶到晚餐期间我们每人写500字。"弗吉尼亚去过苏塞克斯好几次。1910年夏天她精神病发作后,医生向她推荐了这个安静的地方,以代替她之前的住所。她开始强烈地爱上乡村生活,1910年圣诞节她写信给姐姐说:"我喜欢查地图,已经买好两本指南,打算来几次探险……生活在乡下能让人变得如此单纯——随时都可以跑出去。"(LETT, I, 443)然而,还是出现了一些状况。可能是他们住在一起的第一夜,伍尔夫感到强烈不安,伦纳德只好接受了这段"纯洁的"婚姻。在度蜜月期间,伍尔夫从西班牙寄信给斯特雷奇:

> 有几次房事都被蚊子打断了……它们总是咬我的左眼或伦纳德的右耳。不管我们躲到什么地方,它们总能找到我们。我知道对你而言,这听上去不像是一种幸福的生活。但是你瞧,我们无时无刻总能聊上一大堆令人兴奋的话题——包括文学。(LETT, II, 5)

1913年7月写完《远航》之后,伍尔夫遭受严重的妄想症、失眠和厌食症的折磨。她的精神状态急速恶化,1913年9月9日,她经历了一次完全崩溃,在不伦瑞克广场服用过量巴比妥酸盐(安眠药)。当时约翰·梅纳德·凯恩斯的弟弟杰弗里·凯恩斯医生(Geoffrey Keynes)正待在这所房子里,他迅速采取行动,陪着伦纳德一起将她送到医院洗胃,救下了她,尽管她昏迷了两天。这是她第二次自杀，第一次发生在1904年。她后来写道："我像我的父亲：十分敏感、神经质、脾气暴躁。"（LETT，V，408）在这次严重的精神崩溃之前，她还出现过幻觉和绝食。使她心烦意乱的另一件事，很可能是1914年瓦妮莎为了邓肯·格兰特暂时离开克莱夫·贝尔。

到1914年他们搬到里士满之后，伍尔夫似乎完全康复了，但在1915年，更加严重的精神病又一次发作。在这之前，1914年她拒绝吃饭和睡觉，这些都是抑郁症即将发作的征兆。但是伦纳德一边照顾她，一边鼓励她种种花草、做做饭。当身体状况有所好转之后，伍尔夫去维多利亚的一所学校上烹饪课。她在给珍妮特·凯斯的一封信中说自己大显身手，"把我的结婚戒指做到牛油布丁里"。（LETT，II，55）后来，他们住在蒙克屋时伦纳德经常烧饭，正如赫敏·李所说：此时伦纳德"把弗吉尼亚的病当作他人生的一部作品。他研究她的心理将近三十年之久"。

1915年2月底，在伦纳德商谈租借霍加斯宅期间，伍尔夫一生中最严重的精神病发作，她表现出强烈的狂躁行为。伦纳德把它描述为"一个充满疯狂、绝望和暴力的噩梦般的世界"。她语无伦次地说个不停，经常一连好几个小时，直至失去意识。她和伦纳德说话时，只有辱骂。3月25日，她住进疗养院，而伦纳德则安排搬到霍加斯宅。次日，由于她的精神状况，从1913年就推迟的《远航》终于

里士满的霍加斯宅

出版了。在四位住家护工的照料下,她终于康复,并于1915年9月返回阿什汉姆。伦纳德意识到妻子的发疯与写作之间存在密切且错综复杂的关联,而且她的精神状况很可能是由于"某种负罪感"引起的。

但是伦敦依然极具诱惑力。1915年2月中旬,伍尔夫和伦纳德前往伦敦,伦纳德去伦敦图书馆,她则"在伦敦西区漫步,挑几件衣服"。买完东西,喝完茶,她"在黑暗中溜达到查令十字街,边酝酿要写的词句和事件。我想这是一个关于某人被杀的情节"。(D,I,35)她对这座城市的感觉,包括它的刺激和危险,正是创作《远航》的源泉,离开和返回伦敦构成了这次冒险活动。

《远航》早期的草稿出自一位尚未订婚的年轻女人之手,到它被修改和完稿时作者已变成一位刚结束蜜月之行的已婚妇女。24岁的雷切尔·温雷克由两位姑妈抚养成人,她没有受过正规教育,努力避免把自己埋葬在婚姻里。然而在南美洲的圣马里纳,她遇见并爱上特伦斯·休伊特,后者立志要成为一名小说家。她在一次短距离的沿河旅行后死亡,这可能反映了伍尔夫在她父亲去世后的十年里对订婚和婚姻的矛盾心理。《美琳布罗西娅》中,雷切尔在定位上更倾向于女权主义者,不那么胆小怕事;而在《远航》中,伍尔夫改变了她的性格,她变得羞怯,需要人来保护。

《远航》的一个显著特点是小说人物与现实人物具有相似之处。海伦·安布罗斯是古典文学编辑里德利·安布罗斯的妻子,她与伍尔夫的母亲和姐姐瓦妮莎都很像。达洛维夫人的原型是基蒂·马克西(Kitty Maxse),她是斯特拉·达克沃思的好朋友,斯特拉死后她与瓦妮莎交往密切。基蒂是一位法官的女儿,她与莫佩思勋爵(Lord Morpeth)取消了婚约,后来嫁给《国家评论》的编辑利奥波德·詹姆斯·马克西(Leopold James Maxse)。1922年,她从自家的栏杆上摔下来,不幸过世。基蒂气质优雅,精于世故,她成为克拉丽莎·达洛维的原型,后者首次在《远航》中亮相,伍尔夫写给瓦妮莎的一封信中对此有所暗示。(LETT, I, 349)里德利·安布罗斯的原型是伍尔夫的父亲莱斯利·斯蒂芬,圣约翰·赫斯特的原型是利顿·斯特雷奇,特伦斯·休伊特的原型可能是克莱夫·贝尔。

《远航》的另一重大特色是把莎士比亚引入伍尔夫的作品中。小说中的所有主要人物都乘欧佛洛绪涅号去南美洲,船员格赖斯先生读《暴风雨》,暗示着雷切尔和米兰达之间存在联系;他还给达洛维夫人吟诵该剧本中的段落。莎士比亚经常出现在伍尔夫的作品中,可能最典型的要数《一间自己的房间》第三章,她假设莎士比亚有一个妹妹。伍尔夫的第二部小说《夜与日》中的凯瑟琳与《皆大欢喜》中的罗莎琳德很像,希尔贝利夫人计划购买莎士比亚的作品分发给工人,并想开一家剧院,以便她、凯瑟琳和威廉能上演莎士比亚的一些剧本(第二十四章)。希尔贝利夫人还带着从莎士比亚坟上采摘的花返回位于夏纳步道(Cheyne Walk)的伦敦家中(第三十三章),而科萨姆夫人总是随身携带着袖珍版莎士比亚作品集(第十二章)。这部小说对爱情的颂扬和《第十二夜》很相似。事实上,希尔贝利夫人把自己比作莎士比亚笔下的"聪明的愚人"。在伍尔夫的下一部小说《雅各的房间》中,第四章开篇就提到阅读莎士比亚的作品。

无论在主题还是在方法论层面上,莎士比亚在伍尔夫的作品中留下了挥之不去的印记。她在《夜与日》（1919年）中反复引用他，在其他作品中也屡次提到他，甚至连《到灯塔去》中的拉姆齐先生都想知道每年有多少美国人参观莎士比亚的故居——如果莎士比亚这个人从来没有存在过，"那个世界会和今天的世界有很大不同吗"？（TL，37）伍尔夫甚至把现实生活中的人想象成莎士比亚作品中的人，有一次她跟邓肯·格兰特谈到她的姐姐："可爱的妮莎在我心中变成莎士比亚的一个角色，所以我经常拿她来消遣。"（LETT，II，145）1922年4月，她对瓦妮莎说，她在蒙克屋只有写啊读啊，读啊写啊，特别提到她正在重读"莎士比亚和乔伊斯"。（LETT，II，520）1924年在创作《达洛维夫人》期间，伍尔夫阅读《约翰王》，打算读完它之后接着读《理查二世》，同年8月，她重读《仲夏夜之梦》。1925年秋天，她读《哈姆雷特》，1926年1月，读《暴风雨》。《达洛维夫人》涉及莎士比亚的地方超过十五处，《海浪》和《幕间》也是如此。伦敦大轰炸期间，1941年2月1日，伍尔夫在写给埃塞尔·史密斯的一封信中，深刻地总结了她对莎士比亚的痴迷：

  我有告诉你我正在通读英国文学吗？当炸弹从天而降时，我已沉浸在莎士比亚的作品之中。因此我设想好一幅唯美的临终场景：读着莎士比亚，忘记我的防毒面罩。我将渐渐远逝，遁入物我两忘之境界……（LETT，VI，466）

对伍尔夫来说同样重要的是，她从莎士比亚身上领悟到在作品中如何兼顾文体简捷与见解深刻。她在《老维克剧院的〈第十二夜〉》中写道，他能"寥寥数笔勾勒出一个人物的全貌"。一位小说家须花上三章的笔墨才能展现一个人物，而莎士比亚用只言片语即可做到。1930年4月，在完成《海浪》第九章后不久，伍尔夫如是说。对她而言，一个简短的场景或一个典故通常概括整个情节或人物关系。

评论界对《远航》给予肯定的评价，但它的销量不行。到1929年这部小说在英国只卖掉2 000册。斯特雷奇称赞它充满智慧、内容充实，还有"18世纪给人的世俗感觉并不愚昧，与现代生活一样色彩斑斓和妙趣横生。哦，它非常、非常不同于维多利亚风格"。伍尔夫赞同这部小说的构思让人感觉不到。她想做的就是"给人一种生活陷入一场巨大混乱的感觉，尽可能多样化和无秩序，突然被死亡打断，然后再继续"。难点在于保持连贯性的同时要给人物足够的细节，让他们变得有趣。但是，她承认"太纠缠于细节了"。（LETT，II，82）《泰晤士报文学副刊》赞扬这部作品表现了女性的精神和才智，机警地从一点跳到另一点，还指出它采用"幽默讽刺"的手法描写社交礼仪。小说强劲而令人惊讶的结局"扣人心弦"，使人"感到生命虚空、内心凄凉，从而忘记它在构思上的失败"。1915年5月1日发行的《雅典娜神庙》则不留情面，抱怨这部小说语言不合文法，段落粗糙，尽管它拥有敏锐的观察力和倍受欢迎的率直。

伍尔夫的精神病逐渐颠覆了她的生活,伦纳德这样描述她的发病过程:

> 她几乎一刻不停地说上两三天,对房间里任何人都视若无睹,跟她讲话也听不见……于是渐渐地(她说话)变得完全语无伦次,只剩下一堆支离破碎的词语。

她发疯后完全异想天开,感觉鸟儿用希腊语与她讲话,故去的母亲又在眼前现身,听到有人告诉她去做意想不到的事情,而且她还绝食。多年之后写到这段困境时,伦纳德揶揄道:"除了弗吉尼亚的发疯之外,1915年上半年在霍加斯宅的生活充满一种疯狂的、不真实的古怪气氛。"

在伍尔夫迷失方向期间,她渐渐对政治表现出兴趣,并且参与其中,她反驳《远航》中理查德·达洛维的言论:"我从来不允许我的妻子谈论政治。"(VO, 68)他还语出惊人,声称:"女人在英格兰要是拥有选举权的话,还不如让我死了!"(VO, 42)这两处描写表现出伍尔夫是如何讽刺男权的,政治对她来说变得愈发重要,因为它是实现男女平等的一个途径。伦纳德当然是主要的影响者:他为各种政治事业辛勤工作,足迹踏遍英国各地,调查劳工的工作环境和组织系统等。伍尔夫经常陪他前往。在他们结婚之前,她对政治并不热衷,对走上街头的激进分子不感兴趣,尽管她在妇女参政运动中扮演了一个微不足道的角色。对她来说,政治的意义必然与男女两性之间政治关系的本质以及他们在社会中的地位有关,《一间自己的房间》和《三个基尼金币》阐述了这种立场。

讽刺的是,虽然她的作品在妇女权利与平等问题上,似乎显现出更激进、更具颠覆性的一面,但是她的政治观点在某种程度上却受到伦纳德的影响,在激进和保守、参与和疏远之间摇摆不定。她曾短暂地参与过妇女参政运动就是一个很好的例证。1910年,她参与妇女选举权运动,为期不长,包括写信封和出席了几次群众集会,这是她受到她的朋友、希腊语老师珍妮特·凯斯鼓励的结果。有学者认为,凯斯在道德和政治上纠正了弗吉尼亚对艺术唯美主义的迷恋。

1908年和1909年,全国妇女选举权协会联合会(一个英国妇女争取选举权的协会组织)在伦敦举行大规模游行示威活动,伍尔夫知道这件事,但是没有参与,即使是在1910年大选之前,她身处布卢姆斯伯里这样一个社会批评和政治意识都很活跃的环境中。她选择冷眼旁观,而不是满腔热情地去支持妇女选举权运动。她把自己对妇女参政运动的反应部分地写进她的第二部、也是最长的小说《夜与日》(1919年)中:在女权协会办事处的办公室里发生的场景(第六章,第十四章和第二十章),还有《论民主国家的若干问题》之类的文件(第二十一章)。

1910年11月,当罗杰·弗莱组织的"后印象派画家作品展"引起颇多争议时,她参加了一场在皇家阿尔伯特音乐厅(Royal Albert Hall)举行的群众集会。此次集会是为了抗议阿斯奎斯推迟表决《和解草案》,该草案赋予大约100万妇女投票权,但是伍尔夫觉得这是浪费时间。在此期间,妇女游行示威活动继续进行。然而不久后一触即发的战争盖过了妇女运动,直到1918年30周岁以上的妇女拥有投票权的法案才获通过。

会议议程、政策制订和委员会之类,伍尔夫不感兴趣,这在《夜与日》中有关妇女参政者的章节表现得很明显,她用讽刺的手法描写女权协会办事处的办公室。但这是一部她早期涉及政治的作品,本质上表现得格格不入又有点不真实,后来在《岁月》中露丝这个人物身上也有所反映。《三个基尼金币》也涉及选举权的斗争,虽然讽刺反对妇女参政权论者是焦点,正如她强调的那样,"提到争取选举权的斗争,通常还是充满恶意的"。对于中产阶级呼吁政治平等,她同样感觉不舒服;与犹太女权主义者为伍,她感到有些不自在。

1918年,弗吉尼亚对赢得部分妇女投票权的态度冷淡,最明显的表现是她讲述了当年3月与伦纳德在金斯威大厅(Kingsway Hall)参加"选举权集会"的经历。会上群情激昂让她一度欢欣鼓舞,但她很快就大失所望,"最后感到厌烦,一个字也听不进去。事实上,这场集会似乎是白费力气"。(D, I, 125) 然而,随着伍尔夫政治身份的演变,伦纳德越来越成为一个听众和对手。例如,她在日记中写道,她想借埃菲(《夜与日》中凯瑟琳·希尔伯里之前的名字)之口和伦纳德大吵一通,反对他写的一本关于"仲裁"的宣传册。(D, I, 22) 她也把姐姐瓦妮莎当作凯瑟琳的原型。

伍尔夫能无所顾忌地评价伦纳德的优缺点:

> 我不是很轻易能搞懂这些经济学问题,但伦纳德似乎能毫不费力地阅读、写作此类文章,并与经济学爱好者们交谈。他的著作看上去取得了巨大成功——所有评论都将他与吉卜林相提并论——但我看不到他身上拥有真正作家的那种自命不凡——这是阻碍他成为真正作家的一个重要原因。我从没遇见过一个作家不怀有巨大的虚荣心,这最终使得他根本没法与梅瑞狄斯(Meredith)相匹敌,我正在读后者的书信集——在我看来,其人就像海底的那只老螃蟹一样硬朗。(LETT, II, 23 - 4)

她在同一封信中提到,他们想要个孩子,却无法如愿,因为"据说先要在乡下待六个月左右"。(LETT, II, 23) 更重要的是,他们都清楚她的精神状态和身体健康情况不允许。

5 里士满天堂路 34 号霍加斯宅
1915—1924 年

> 将一本书想象成一个充满冒险又刺激的游戏,需要两个人来玩。
>
> 弗吉尼亚·伍尔夫,《我们应当怎样读书》

1915 年 3 月初,伍尔夫夫妇搬进位于里士满天堂路的霍加斯宅,开始创建霍加斯出版社。这次搬家正值他们生命中的一段不稳定时期,伍尔夫的抑郁症再次发作。1915 年,她开始写日记,但只持续了六个星期。正如她以往的病史那样,每当完成一部书稿后,她的身体、精神和神经都会处于一种极度疲惫状态。1915 年 2 月,疾病又一次更剧烈地复发,这一次断断续续拖到了 1917 年左右。

伦纳德急于找到一种业余爱好或工作,既能让他和妻子参与其中,又能让妻子从写作中解脱出来,于是他选择了印刷业。他俩作为业余爱好者都对印刷技术深感兴趣,

1917年3月,他们购买了一台小型手动印刷机、一些旧字模以及必需的工具和材料。1917年7月,他们出版的第一本书是《两个故事》,印数150册,这是一本32页的小册子,内容包括伍尔夫的《墙上的斑点》和伦纳德的《三个犹太人》,插图为多拉·卡林顿创作的四幅木版画。瓦妮莎·贝尔为他们设计了出版社的LOGO——一个狼头。书的扉页上印有"霍加斯出版社,里士满1917"字样。随着这本书的出版,霍加斯出版社应运而生,不久便开始出版T.S.艾略特、凯瑟琳·曼斯菲尔德的作品,以及高尔基、陀思妥耶夫斯基、蒲宁、托尔斯泰和弗洛伊德作品的最早英译本。

他们最早的出版物之一是伍尔夫的《邱园记事》,于1919年出版。这篇小说被收入一个文集,此书共150页,其中有10页没有标注页码。这个短篇故事相当受欢迎,部分应归功于哈罗德·蔡尔德(Harold Child)在《泰晤士报文学副刊》上的正面评价。他将它称为"一篇富有独创性的佳作,风格诡异华美,具有独特的氛围和与众不同的生命力"。同年,这部作品再版,由伍尔夫夫妇手工排版,书中附有瓦妮莎创作的两幅木版画。故事以邱园为背景,色彩在其中占主导地位,它用富有节奏的叙事代替《远航》和《夜与日》中急促的叙事速率,描写了植物园里四组游人之间的交锋。这种线性叙述方法融合了伍尔夫几个月前在《现代小说》一文中提到的一些美学观点。这篇文章后来被收入其著名的评论集《现代小说》。伍尔夫在 1916 年与凯瑟琳·曼斯菲尔德相识,后者可能对《邱园记事》的结构和悠闲的叙事节奏功不可没。《邱园记事》把重点放在花坛上,以形成一个整体。这个故事传达的不仅是植物园本身给人的视觉印象,还有游园中的人物情绪。

接下来几年,出版社的业务迅速扩张。增加的设备被安装在霍加斯宅,虽然不久之后部分印刷业务不得不交由外面的厂商来处理。1917 至 1924 年,在里士满出版的 32 本书中有 16 本是直接由伍尔夫夫妇印刷的。

里士满平静的生活见证了伍尔夫源源不断的创造力。她住在那儿的第一年,修改《远航》,撰写《邱园记事》,监督《星期一或星期二》(1921 年)的印制。《星期一或星期二》是一部小品文集,收录了 8 个短篇故事,包括《邱园记事》在内。她还开始创作第二部小说《夜与日》和第三部小说《雅各的房间》。《达洛维夫人》也是在那儿开始动笔的,尽管等它出版时,伍尔夫夫妇已经搬回布卢姆斯伯里。随着霍加斯出版社声名鹊起,他们开始迎来新的机遇,同时也拒绝了一些值得关注的作品,最引人注目的当数 1918 年拒绝出版詹姆斯·乔伊斯的《尤利西斯》。最终《尤利西斯》在 1922 年由西尔维亚·毕奇(Sylvia Beach)的莎士比亚书店(Shakespeare and Company)出版。伍尔夫读完《尤利西斯》的前四章后,对它的文体风格、兼有写实性和实验性两种写作元素等特点都不感兴趣。她告诉罗

130　弗吉尼亚·伍尔夫

杰·弗莱：

这是个有趣的实验，他省略了叙述，尝试表达思想，但我看不出他的文字有多少妙趣可言，毕竟狗的叫声和人的叫声并没有太大区别。这本书读上300页可能就让人觉得无聊。
(LETT, II, 234)

T. S. 艾略特、弗吉尼亚·伍尔夫和艾略特的第一任妻子薇薇安·黑格－伍德

T.S. 艾略特与弗吉尼亚·伍尔夫，1924年6月。奥托琳·莫雷尔拍摄

东苏塞克斯郡查尔斯顿的外观

然而他们在 1923 年发行了 460 册艾略特的《荒原》,其封面是醒目的斑驳蓝色。但是因为艾略特诗歌的行文节奏和间距,伍尔夫在排版上遇到困难。的确,出版不总是一件乐事,经常会付出艰苦的劳动。1923 年 6 月,她在日记中记录下自己遭遇的挫折,她和助手马乔里·乔德(Marjorie Joad)一连数小时站在一盒铅字前解决排版问题,而这段时间她本可以"在人群中做社交冒险"。(D, II, 250) 1923 年 7 月初,她曾写信给朋友芭芭拉·巴格纳尔(Barbara Bagenol)说:"出版工作比同时给六个孩子喂奶还累。"她接着解释说她和伦纳德暂时分开住,她住在印刷间,而他则住在地下室,只有吃饭时才能碰面。(LETT, III, 55)

当里士满成为他们的新关注点时,来自苏塞克斯的竞争也随之产生。1916 年,在伍尔夫的建议下,瓦妮莎和克莱夫·贝尔租下查尔斯顿,这是一处带有田地的乡村大房子,位于刘易斯-伊斯特本路(Lewes-Eastbourne road)附近。它是伦纳德发现的,这里有足够的地来种庄稼,还附带着一个池塘和几棵果树。邓肯·格兰特和他的朋友大卫(邦尼)·加内特拒绝服兵役,他们必须找到有报酬的农场工作,才能豁免服兵役。有位叫海克斯的农场主愿意雇他们,因此瓦妮莎、克莱夫和邓肯在 1916 年夏天租下了查尔斯顿。约翰·梅纳德·凯恩斯从 10 月开始来访,他将分担房子的租金和开支。当时,他在财政部任职,担任财政大臣的顾问。战后,他继续登门拜访,跟这一家人走得很近,而且当了瓦妮莎和邓肯的女儿安吉莉卡的教父。

安吉莉卡与瓦妮莎·贝尔,1928年

然而,查尔斯顿的生活变得有些乱糟糟:邓肯和瓦妮莎整天待在各自的房间里画画;凯恩斯写关于概率论或货币史的文章,事实上他在撰写批评《凡尔赛和约》的名作《〈凡尔赛和约〉的经济后果》(1919年);克莱夫在给情妇玛丽·哈钦森写信时,装模作样地读司汤达的小说;孩子们掉进了池塘。斯特雷奇在总结查尔斯顿的生活时补充说,幸运的是,这里的气氛常常是轻松欢快的。

利顿·斯特雷奇、W. B. 叶芝和一位身份不明的男人在伦敦高尔街 10 号,奥托琳·莫雷尔拍摄,1931 年

左起:邓肯·格兰特、安吉莉卡·贝尔和罗杰·弗莱在查尔斯顿,1926 年

查尔斯顿很快成为伍尔夫夫妇及布卢姆斯伯里团体其他成员喜欢光顾的一处世外桃源。随着时间的流逝，越来越多的珍贵艺术品将在这里亮相，1918年有一件稀奇的艺术品送到此地。凯恩斯和英国国家美术馆的主任查尔斯·福尔摩斯爵士前往巴黎参加德加（Degas）收藏的名画拍卖会。尽管战争期间巴黎受到威胁，两人还是为英国国家美术馆去采购名画。主要的竞争对手是卢浮宫。福尔摩斯挑选或者投标相对二流的作品，而让凯恩斯自由出价。他们拍得安格尔（Ingres）的一幅习作、德拉克洛瓦（Delacroix）的两幅画和塞尚的一幅名为《苹果》的静物画。凯恩斯大获全胜，返回英国，但是快到查尔斯顿的入口斯文门（Swingates）的时候，行李实在太多没法搬运，于是他将塞尚的画放在树篱里。当凯恩斯改天想起此事告诉大家时，邓肯·格兰特和大卫·加内特才急匆匆地冲向灌木丛将它取回来。瓦妮莎当时写道：只有在杂志上能看到塞尚被拍成黑白照片的画，在英国几乎见不到他的真迹。这次采购收获丰厚。

但是随着越来越多的名画出现在查尔斯顿，人们采取了各种安全措施，包括在刘易斯镇警察的建议下，把一个自行车的大铃喷上红漆，若盗贼入室它就会响起。此外，这些画作接通了报警系统，倘若被打扰，刘易斯镇当地警察局的警报器就可能会响起。当时流行的最好的防盗措施是把画高高悬起，几乎抵到天花板，使它们不容易被看见，这被称为"警察的脚手架",其目的是让它们遥不可及、高高在上,小偷难以够到。然而,这样做的结果是,放眼望去几乎是空白的墙壁,"名画斜靠在天花板上"。据瓦妮莎和克莱夫·贝尔的儿子昆汀(Quentin)回忆说,大厅和其他房间都采用了这种奇怪的防护方法。

在这期间,伍尔夫写下了她篇幅最长的小说《夜与日》,它是献给瓦妮莎的。这是一部社会风俗小说,主要讲述了五对年轻恋人在19世纪晚期社会的种种禁锢中抗争的故事,他们身处从限制重重的维多利亚时代向风气自由的爱德华时代转型阶段。小说从主人公凯瑟琳·希尔伯里在切尔西的夏纳步道家中替父母给客人倒茶开始,到第三十四章结束,克服无数障碍并化解矛盾之后,凯瑟琳和她的爱慕者、律师兼评论家拉尔夫·德纳姆(Ralph Denham)在凯瑟琳回家前拥抱并规划未来。

这部小说的初稿是伍尔夫在1915年生病期间卧床写的,当时她正在接受所谓的"休养疗法"来治疗她的精神崩溃。凯瑟琳最早叫"埃菲",她的原型是瓦妮莎。正如伍尔夫告诉珍妮特·凯斯的那样:"试着将凯瑟琳想象成瓦妮莎,而不是我,假设她把对绘画的激情藏起来,被乔治(达克沃思)逼着跨入社会。"(LETT, II, 400)伍尔夫认为《夜与日》将会成为一本比《远航》更完美的作品,但这也是必要的一步,因为一部真实的小说能把她解放出来,去从事更具实验性的写作,她将从下一部作品《雅各的房间》开始这方面的尝试。她写道,《夜与日》教会她"什么该省略,以及如何将所有东西纳入一部作品"。(LETT, VI, 216)——尽管她有时会搞错事实。有位读者写信指出,她把林肯郡的玫瑰写成在12月开花。她写道,写这部传统小说还有一个更私人的原因,她想写一部围绕"人们不可言说的东西;它会产生什么影响?……我指的是与任何感觉有关的真相"为中心的作品。但是她也没有把握,"害怕我自己精神错乱",所以她写《夜与日》"主要是为了确认自己可以完全远离那个危险之地"。(LETT, IV, 231)

从莎士比亚、菲尔丁到司各特、拜伦、麦考利、布朗宁、乔治·艾略特及陀思妥耶夫斯基,他们的作品一直在这部小说中出现。小说中有个主要人物叫卡桑德拉(Cassandra)。诗人理查德·阿拉迪斯(Richard Allardyce)、有抱负的作家威廉·罗德尼(William Rodney),加上尝试写历史作品的拉尔夫·德纳姆,这些都反映了伍尔夫有意将文学作品和作家直接融入她的小说。譬如,她在小说中提到托马斯·布朗爵士(Sir Thomas Browne)和托马斯·德·昆西(Thomas De Quincey),还加入对各种文学体裁进行改写的情节:传记(希尔伯里夫人正在为凯瑟琳的外祖父写传记)、剧本(罗德尼正在创作一部诗歌剧本)、随笔(玛丽写的《论民主国家的若干问题》)和历史小说(拉尔夫计划写一本英国村庄史,从撒克逊时期写到当今)。

《夜与日》受亨利·詹姆斯的影响明显,不仅是在叙述方法上,还体现在福特斯科先生身上,他在第一章出场并担当一个类似亨利·詹姆斯的角色。凯瑟琳也与《一位贵妇的画像》中的伊莎贝尔·阿切尔(Isabel Archer)很相似。还有玛丽·达切特,她的原型是妇女合作协会的秘书玛格丽特·卢埃林·戴维斯(Margaret Llewelyn Davies)。希尔伯里夫人的原型是安妮·伊莎贝拉·萨克莱·里奇(Anne Isabella Thackeray Ritchie)。事实上,里奇女士去世前读过这本小说的手稿。第七章是根据威廉·梅克皮斯·萨克莱(William Makepeace Thackeray)经历的一件事改编的。伦纳德可能是拉尔夫·德纳姆的原型;凯瑟琳去海格特(Highgate)的德纳姆家里拜访可能参考了伍尔夫去帕特尼拜访伦纳德家这件事。与拉尔夫一样,伦纳德出身于一个犹太大家庭。这部小说可能也是关于伦纳德《聪明的处女》的一篇评论。正像凯瑟琳帮她母亲写外祖父的传记一样,伍尔夫也帮 F. M. 梅特兰写她父亲的传记。复杂的婚恋题材故事情节,例如订婚、分手以及误解等在《夜与日》中一样都没落下——这也是亨利·詹姆斯作品常见的套路。几个人物之间学术讨论的话题从文学、政治、数学延伸至社会福利等多个领域。这是一部涉及面广泛的小说,与《远航》很像,但更多人物在追求爱情的过程中意见相左,反映出两代人截然不同的看法。

人们对这本书持赞同但有所保留的态度,尽管 E. M. 福斯特声称它是"一本严谨规范的经典之作"。(D, I, 310) 凯瑟琳·曼斯菲尔德在《雅典娜神庙》上发表评论,提出最具批判性的观点,她说很难不把这部作品与简·奥斯丁的作品进行比较,而且它犹如"奥斯丁小说的当代复刻版"。(D, I, 314) 她批评这部小说的静态特性,写得好像第一次世界大战从未发生过似的,同时也分析了该作品是如何表现某些知识分子势利小人的嘴脸。然而近年来越来越多的读者认为该小说展示了一个正在瓦解的社会,体现了"战争引发的矛盾冲突"。但是传统的结构和故事限制了人们对作品的接受能力,读者会对许多不合理的场景和细节感到不耐烦。常见的叙事方法虽然不是停滞不前,但它主宰着整个形式。但如果伍尔夫写的是新社会规范,她也希望采用新的叙事结构,然而这一切都没有发生,直到她写《雅各的房间》时面对弟弟的故事,她才感到有较大的自由去做实验——或许这是面对痛苦过往的唯一策略,无论是借助想象力,还是用间接方式表达。《夜与日》发表的同年,她出版了随笔《现代小说》,正在面对的叙事问题该如何解决,她仍然没有找到答案。

伦纳德在自传中提到,他们与新西兰作家凯瑟琳·曼斯菲尔德在奥托琳·莫雷尔的嘉辛顿家中相识。曼斯菲尔德与约翰·米德尔顿·默里生活在一起,"他们当时的气氛,我只能形容为下层文学社会"。他补充说,当时还有一种怪异的气氛。他喜欢曼斯菲尔德,但是感觉对方不喜欢他。她"脸上像戴着面具,她似乎比默里更时时刻刻提防一个她认为充满敌意的世界"。尽管她写过批评《夜与日》的文章,但是在那篇评论发表后他们见面时,曼斯菲尔德却彬彬有礼,表现出对伍尔夫很感兴趣。(D, II, 44-45)她和他们在阿什汉姆共度了一个周末,她为人"极其搞笑",讲述她做演员时的经历,但总是戴着一张"面具"。她是一位严肃的作家,具有"非常好的现实主义天赋,拥有高超的讽刺幽默感,也有点愤世嫉俗"。然而,她被米德尔顿·默里"黏糊糊的多愁善感"迷住了。看见他们一起待在汉普斯特德(Hampstead)的家里,就令人感觉不舒服,因为她总是被默里惹怒,或朝默里的弟弟发火,后者和他们生活在一起。

1916年7月,曼斯菲尔德对《远航》大加赞扬,但是1917年1月中旬,伍尔夫跟她和默里一起吃饭时,她给伍尔夫留下了不讨人喜欢的印象,伍尔夫认为曼斯菲尔德既是文学同道又是竞争对手。她在"兴趣、娱乐和烦恼之间形成了一种奇特的平衡",(D, I, 243)但她俩确实维持着友谊,1923年她的离世让伍尔夫感到焦躁不安,后者在获悉这个消息后写了一篇很长的日记。(D, II, 225-227)伍尔夫在日记中一方面强调曼斯菲尔德让人难以捉摸,另一方面又认为她是一个可以信赖的人,譬如在伍尔夫看来,她俩可以"长久地"分享读书与写作经验:"每每想起一些关于写作的事,我就想告诉凯瑟琳。"(D, II, 227) 她妒忌的只是曼斯菲尔德的写作成就。曼斯菲尔德的短篇小说集《序曲》是霍加斯出版社出版的第二部作品(1918年),伦纳德和弗吉尼亚·伍尔夫花费九个月时间手工印刷并装订了300册。

年轻时的凯瑟琳·曼斯菲尔德,1903年她去英国求学,并在1908年重返英国生活。她于1923年去世,时年34岁。

142 弗吉尼亚·伍尔夫

东苏塞克斯郡洛德梅尔的蒙克屋外观

1919年,伍尔夫夫妇定居苏塞克斯,购买了位于洛德梅尔的蒙克屋,那里靠近瓦妮莎家。这是一栋建于18世纪带檐板的、破败不堪的村舍,没有通电,也没有暖气,但带有一个0.75英亩的花园。洛德梅尔距离伦敦75公里(47英里),伍尔夫夫妇搬去时当地只有一条街,住着244位居民。它离东苏塞克斯的刘易斯镇差不多有5公里(3英里)。这栋房子颇具乡村特色,有低矮的天花板和光秃秃的木梁。他们购买房子时,必须从井里取水。夫妇俩不断地对它进行修缮,1929年扩建成两层楼。此前一年他们买下一块毗邻的土地,以便保护当地的景观。1919至1940

年期间，伍尔夫夫妇对房子和庭院进行了至少16次大规模扩建和现代化改造。1925至1926年，这里安装了第一个浴室，1931年房子通上了电，1932年又安装了电话。屋子后面那个大花园成为伦纳德·伍尔夫的心头好，而花园尽头的小木屋则成为伍尔夫写作时的庇护所，伍尔夫的主要作品都是在那里完成。

不过，伦敦依旧令她心驰神往。比如说，1920年6月8日，伍尔夫拥有一天"户外活动日"，她和克莱夫一起参观英国国家美术馆，而在冈特店里吃冰淇淋时，周围有"不少看点"，她观察到一位身穿漂亮灰色衣服的年轻人，"背后看上去像衣服架子"……（还有）两位年轻女士正在陪母亲吃饭，她们全程保持沉默："穿着得体"，却没有一丝生命的火花。这不禁让她想问："难道母女之间永远不说话吗？"（D, II, 47）然后，她与瓦妮莎共进晚餐，聆听瓦妮莎谈起她的仆人玛丽患上瘾病的故事。她离开后，在明亮的月光下坐在开往滑铁卢的公交车上层车厢里，看见一个乞讨的瞎眼老太太在歌唱：

> 她举止鲁莽，很符合伦敦的气质。目中无人——几乎是欢快的，紧抱着她的狗，好像是为了取暖。她在伦敦市中心待了多少个春秋？她是如何来到此地，经历过怎样的人生，我无从想象。该死的，老天，为什么我就不能全都知晓呢？……有时一切都会进入相同的氛围，我不知道该如何定

义它——它是欢快的,但又有些过于活跃。时下我常常被伦敦迷住,甚至会想起那些在这座城市里走过的逝者。(D, II, 47)

东苏塞克斯郡洛德梅尔的蒙克屋庭院里的写作间

诺贝尔文学奖获得者、南非作家纳丁·戈迪默(Nadine Gordimer)曾经写道:"置身事外与全身心投入之间的张力,往往会成就一位作家。这就是我们的起点。"这句话显然适用于伍尔夫,她在日记中描写了写作时的焦虑和快乐。

索比的死仍然困扰着伍尔夫,她将在下一部作品《雅各的房间》中面对这个问题,《雅各的房间》是一部使她摆脱传统小说形式局限的作品。但是她仍然忐忑不安,觉得没人会对她的作品感兴趣。1921年4月8日,她在日记中写道,她应该继续创作《雅各的房间》,但是却做不到,因为她认为自己是"一个失败的作家。我过时了,老了,不能做得更好了"。(D, II, 106)她的新作《星期一或星期二》(1921年由霍加斯出版社出版),这部她一生中唯一的短篇小说集再过几天将要出版,但在她看来它只是"一个受潮的爆竹"。(D, II, 106)斯特雷奇的《维多利亚女王》(1921年)(献给伍尔夫的)此时已经出版,正大放异彩,这让她万般沮丧。她想过再也不写了,除了评论之外。斯特雷奇没有称赞她的新作品,这令她很是不快。(D, II, 106)她担心如果自己"变得平淡无奇"怎么办?(D, II, 106)。真正使她郁闷的是,"一想到我已经不再引起人们的兴趣——而此时此刻,在媒体的帮助下,我以为我变得更像自己"。(D, II, 107)她说她不想"博个女性小说家领军人物之一的好名声",要有趣,而不是过时。为了保护自己,她写道,她应该拥有一千种兴趣,比如"俄语、希腊语、出版社、花园、人群,或一些与我的写作无关的活动"。(D, II, 107)

不过,写作《雅各的房间》缓解了她的焦虑。1921年2月13日,在写给曼斯菲尔德的信中,她再次提及她们的友谊以及在写作上的共同追求。伍尔夫当时正在创作《雅各的房间》,但为了赚钱买印刷纸不得不中断:"为了买新纸,我要写一篇关于桃乐丝·华兹华斯的文章。"伍尔夫在信中也把自己的写作风格与曼斯菲尔德的予以比较:"我非常钦佩你让人一目了然的写作才能。"在《雅各的房间》中,"我总是从一个层面到另一个层面进行切割和转换。我认为我所要做的是改变意识,从而除掉那些糟糕的乏味的东西……我觉得我不再需要现实主义——只有思想和情感——没有茶杯和桌子"。"在我们继续前行的路上,这样的断裂多如霍尔本区(Holborn)的街道拐角……但是我们一直向前走去。"(JR,130)但并不是每个人都欣赏这种写作方法,有位评论家将其"比作是在抓拍快照,结果弄得相簿里塞满了一堆小小的照片"。这部小说缺乏叙事性,由一个个散漫、跳跃的画面堆叠而成,让这位评论家联想到了电影。伍尔夫本人在1926年发表了一篇关于电影的文章,而曼斯菲尔德曾在一部片里当过群众演员赚了一点外快。这部小说有一个值得注意的技巧是画面叠化,即当一个场景淡入时,另一个场景淡出,同时显示两个场景,哪怕只有一两秒钟。在《雅各的房间》中有这样的一个例子:伍尔夫把弗兰德斯太太写给雅各的信作为一个表现对象,让它与雅各和妓女发生关系的房间平行存在。最初的焦点是在信上,但同时又出现了另外一些其他场景,母亲的身影借由信件来到这对偷情的男女身边徘徊。(JR,123-124)

写《雅各的房间》时,伍尔夫有意"让一件事引申出另一件事,就像《一部未写成的小说》那样,作品不再是10页,而是拓展到200页左右",而且"没有脚手架,几

利顿·斯特雷奇在嘉辛顿庄园里读书，1922—1923年。奥托琳·莫雷尔拍摄。

乎看不到一块砖"。(LETT, II, 13) 这在小说的第二句话中很明显：淡蓝色的墨水从弗兰德斯太太的金笔尖上漾出，把停顿号洇成一片模糊，从而使描写她的句子从第一个过渡到下一个。作品中随处可见，各种文字、场景和思想在流淌涌动，它们彼此渗透融合，继而可能会变得模糊不清。(JR, 3) 所描绘的场景仅仅是被勾勒，但不会被过多描绘；

各种关联若隐若现,但并没有发展起来。整段整段的文字在新的语境中重复,意想不到的联系多次出现,从而消除了顺叙的必要性。一个部分不是从另一个部分生长出来,而是与它毗连。年代顺序的不连续性占主导地位。各个部分之间缺少过渡和衔接,体现了埃兹拉·庞德(Ezra Pound)在《作为诗歌媒介的中国书写文字》中所论述的美学,他认为"关联本身要比关联所涉及的事物更真实、更重要"。

然而历史是存在的,作品从1906年雅各去剑桥开始,还影射了灾难性的第一次世界大战之前的事件与战争本身的关联,从爱尔兰地方自治法案和上议院的转变开始。在书的最后,白厅的大臣们举起手中的笔来改变历史,为战争做准备立即成为现实。(JR, 240-241)小说中只有一处关于战争的描述,暗示了战争的毁灭性后果。它以"陆军士兵像一批批锡做的玩具士兵一样遍布在玉米地里"开头,以"还有一两个人像折断了的火柴棍似的上下摆动"结尾。"在北海海面上战舰成放射形排列,精确地保持着彼此停泊地之间的距离",呈现出一幅隐含的毁灭场景。(JR, 216)

小说强调色彩和条理,而不是事件,加强了它的非线性发展,因为人生转瞬即逝。重复的色彩暗示着一种统一的形式,但碎片起着支配作用,读者和小说中的人物一样,必须拼凑出雅各在第一次世界大战中死去的情形,尽管文中没有对他死亡的描述。整理雅各的遗物,是小说结尾时母亲的最后一项任务，也是读者的任务。但正如小说重申和展示的那样，提供了一种伍尔夫式的审美，"想要概括一个人是徒劳的，你必须根据暗示，不完全看说的是什么，也不完全看做的是什么"。(JR, 214) 伍尔夫的方法是指出而不是描述。这部小说也展现了伍尔夫的信念，即她和瓦妮莎在艺术和生活上都是"探险家、革命家和改革家"[1]。

然而，不是每个人都能领会"这些暗示"，有人批评这部小说。《卫报》称，这是"最近写得最傲慢的书之一"；而丽贝卡·韦斯特则认为伍尔夫更喜欢雅各的房间而不是他的陪伴，小说只不过是一些场景的组合，还加上这句令人难忘的话："伍尔夫夫人再次向我们证明，她既是一个微不足道的小说家，又是一个极其重要的作家。"此外，韦斯特还写道，这部小说只是围绕文体类型，而不是个人。但是伍尔夫本人感到非常满意。她明白自己的技能，也明白把重点放在同时发生的情节上如何反映生活经验的真实本质。《雅各的房间》完成之后，1922 年 7 月 26 日，伍尔夫写道，她已经知道"如何（在 40 岁时）用自己的声音说话"，"这让我很感兴趣，所以我觉得不需要赞美就能继续前行"。(D, II, 186) 但为什么将小说成为她偏爱的创作形式？伍尔夫在 1922 年 12 月 25 日写给杰拉德·布雷南

---

[1] 弗吉尼亚·伍尔夫的《回忆随笔》，参见《存在的瞬间：未发表的自传》第 126—127 页，珍妮·舒尔坎德编（苏塞克斯，1976 年）。该文与 1985 年第二版中的有所不同，后者写的是"探险家和革命家，因为我俩天生如此……"。

(Gerald Brenan)的信中解释说,这种形式可以让她超越自己感觉上的局限。这能使她捕捉到眼前转瞬即逝的东西。(LETT,II,598)

这部作品和她日益增长的自信预示着接下来的三本小说——《达洛维夫人》《到灯塔去》和《海浪》,将在六年内全部完成。可以预见她的下一部小说《达洛维夫人》也会表现出她对伦敦的热爱,这在《雅各的房间》里表现

维塔·萨克维尔-韦斯特,1934年。霍华德·科斯特拍摄

得很明显。在小说的最后,范妮·埃尔默(Fanny Elmer)乘坐公共汽车对拥挤的街道和抗议游行队伍的反应,再加上整个欧洲和其他地区对战争的反应,不难看出她下一部小说具有如下特征:激发城市生活的创造力。(JR, 238-240)

有趣的是,伦纳德将伍尔夫写作时的状态描述为精神高度集中。她成为作品的一部分,"全神贯注地投入到小说中去"。她只从上午10点写到下午1点,并且通常在下午将手写的内容打出来。但当她在伦敦的街道、苏塞克斯的丘陵或乌斯河的岸边散步时,一整天这本书"都会不自觉地在她脑子里盘桓",或者她自己会"像梦游一样穿行在书中"。这种专心使得写作极其耗费精力,事实上,伦纳德将她创作《远航》期间每天的写作称为"一种酷刑"。这种状况在她的职业生涯中几乎没有改变过。

《雅各的房间》是她在霍加斯出版社出版的第一部小说,伦纳德觉得它的护封没有吸引力,怀疑是否会影响到销量:

> 这是瓦妮莎设计的第一个护封,但它并没有描绘"一个性感的"女人,甚至雅各或他的房间,它在1923年被许多人指责为后印象派。它几乎受到所有书商的责难,还有一些买家也嘲笑它。

尽管如此，瓦妮莎后来设计了伍尔夫几乎所有书的护封，既有中规中矩的几何图案风格，也有繁复的具象派风格。《一间自己的房间》封面上，摆在壁炉台上的时钟就说明了这一点。她按"字面意思"设计的封面通常是印象主义的，比如《到灯塔去》上的那座灯塔。

1922年发生的另一件事使得这一年对伍尔夫来说尤为重要，那就是遇见维塔·萨克维尔-韦斯特，后者比伍尔夫年轻十岁，她是外交官哈罗德·尼克尔森（Harold Nicolson）的妻子。这对伍尔夫来说是一段至关重要的关系，对性和文学都产生影响。作为爱德华七世那个时代最有特权的年轻女人之一，维塔是在肯特郡的诺尔庄园（Knole in Kent）长大的，那是一座都铎王朝时代的宅邸（可能是英国最大的庄园），拥有占地6英亩的房屋、7个庭院和50多个楼梯。据说有一只宠物龟（龟壳上镶着钻石拼成的字母组合图案）在数百个房间里爬来爬去，如果它每天换一个房间的话，需要整整一年才能爬完所有房间。1910年夏天，维塔在一次伦敦的宴会上遇见年轻的外交官哈罗德·尼克尔森，立刻喜欢上他，但直到他亲吻她时，她才意识到爱上了他，两年之后他向她求婚。但维塔过着一种非传统的、灵活多变的浪漫生活，她后来承认："我和哈罗德订婚从来都不觉得是错的，同时我也非常爱罗莎蒙德（格罗夫纳）。"哈罗德比维塔大六岁，是个同性恋者，但是他爱维塔。1913年，两人在诺尔庄园的小教堂举行婚礼，由四位公爵夫人和维塔父亲的情妇担任女傧相。两人甜甜蜜蜜地过了四年半，生下两个儿子本尼迪克特（Benedict）和奈杰尔（Nigel）。

在此期间，维塔出版了一本诗集，夫妻俩似乎在朗伯恩（Long Barn）安顿下来，那是他们在肯特郡买的一所房子。但很快，她又开始另一段新恋情，她与维奥莱特·特莱弗斯（Violet Trefusis，爱德华七世情妇的女儿）坠入爱河，两人私奔到康沃尔郡（Cornwall）一个叫波尔佩罗（Polperro）的偏僻村庄。不幸的是，哈罗德写信给妻子，暗示除非她回来，否则他将跳泰晤士河自尽。维塔无视他的请求，她和维奥莱特辗转到法国和蒙特卡洛（Monte Carlo），在那里待了四个月。但是她化装成男人并没有想象的那么成功：在蒙特卡洛，"朱利安"和维奥莱特在公共场合跳舞时发生了争吵，她们被迫更换旅馆。两人依靠维塔微薄的私人收入和维奥莱特的津贴来支撑其放荡不羁的冒险行动，维奥莱特的这笔钱是按照爱德华七世的指示，以给她的母亲凯珀尔夫人投资为名支付的。这对情人有时不得不典当她们的珠宝。与此同时，哈罗德开始与外交官维克多·丘纳德（Victor Cunard）私通，并刻意让维塔知道此事。

1922年12月14日，伍尔夫在克莱夫·贝尔家中第一次见到维塔·萨克维尔-韦斯特，隐约知道她的出轨行为，她在日记中写道，维塔让她感觉"自己很害羞，像个未经

弗吉尼亚·伍尔夫和维塔·萨克维尔-韦斯特在蒙克屋，20 世纪 30 年代

人事的少女似的"。(D, II, 217) 然而，一段大约持续了 17 年的情爱关系很快就发展起来，这在一定程度上是由于霍加斯出版社在 1924 年 10 月出版了维塔的《厄瓜多尔的诱骗者》。重要的是，她们的友情最初是通过文学结缘的。这部 74 页的中篇小说（献给伍尔夫的），用讽刺的手法削弱了维塔传统的浪漫情节剧的效果，但伍尔夫仍然提出了写

作建议。实际上,多年以来伍尔夫与霍加斯出版社一直在"指导"维塔,维塔也开始关注自己的写作技巧。伍尔夫会毫不犹豫地提出批评,她在一封信中对维塔说:"我认为你脑海里有一些更奇怪、更深刻、更有棱角的想法,你还没有表达出来。"(LETT,Ⅲ,321)1924 年 9 月,当维塔到蒙克屋送《厄瓜多尔的诱骗者》手稿时,她穿着时尚地走进来,"身着一袭黄衫,头戴一顶大帽子,(带着)一只纯银的梳妆盒,还披着薄纱晚礼服"。(D,Ⅱ,313)伍尔夫很快读完手稿,几天之后将它送去印刷,她说,在小说中"看到自己的脸,这是真的"。(D,Ⅰ,313)她也相信维塔已经删掉许多陈词滥调,但仍写信给她,说她的手稿可以"写得更紧凑、更有针对性一些"。不过,她确实欣赏它的结构。(LETT,Ⅲ,131)这个故事与厄瓜多尔或诱骗者无关,而是讲述了在地中海一艘游艇上的三个陌生人、一次冲动的婚姻和安乐死——耸人听闻又令人难以置信。爱德温·缪尔(Edwin Muir)在《国家》和《雅典娜神庙》上各发表了一篇有影响力的评论,帮忙推销这本书,在大约一个月的时间里,该书共卖出 899 册。

在这段时间里,维塔让伍尔夫克服了羞怯,1925 年底她俩成为情人。在两人当中,维塔最初是一位知名度更高、商业炒作更成功的作家,但 40 岁的伍尔夫作为"高雅"文学作家,以聪明著称。事实上,伍尔夫认为维塔是一位二流作家,但被她的"丰乳"迷住了,意识到维塔"可能……对我感兴趣,虽然我已经老了"。(D, III, 52) 伍尔夫承认维塔的巨大吸引力不仅在于她的魅力和性感,还包括自己生命中缺失的东西:"她慷慨地给予我母亲般的保护,出于某种原因,这正是我最想从每个人身上得到的。"(D, III, 52) 这句话道出伍尔夫生命中有一个缺口,这个缺口是她母亲去世后打开的,很少有人来填补,除了偶尔有其他、通常是更年长的女性朋友来填补——但与维塔的方式不同。

伍尔夫遇见维塔之前,曾描述过女性间的爱情,她对维奥莱特·迪金森释放出强烈的感情,后者收到这位年轻作家充满激情的来信。在《远航》中,雷切尔·温雷克对她的朋友兼导师海伦·安布罗斯产生了强烈的依恋。在《夜与日》中,凯瑟琳·希尔伯里与妇女政权论者玛丽·达切特也走得很近。在《到灯塔去》中,莉莉·布里斯科被母性十足的拉姆齐太太深深吸引。当克拉丽莎·达洛维亲吻莎莉·西顿(Sally Seton)的时候,她对其立刻产生了欲望,并且无法忘记这种感觉。《奥兰多》中出现女同性恋以及对性别身份的探索,这些话题早已在布卢姆斯伯里团体内部公开讨论过。正如伍尔夫在《奥兰多》中所写的那样,"尽管性别不同,但他们是相互融合的"。(OR, 181) 伍尔夫通过奥兰多的性别转变,反驳弗洛伊德的观点,后者认为"生理结构即命运"。伍尔夫更喜欢背道而驰:选择一个人的性别命运是对生理结构的胜利,它让生理结构摆脱了命运的羁绊。

维塔很快下定决心爱伍尔夫,她告诉哈罗德:"我爱弗吉尼亚·伍尔夫,你也一样。""我很少这么喜欢一个人……我已经完全失去理智。"伍尔夫一开始并没有被打动。她在日记中写道:"不太符合我严肃的口味——衣着华丽,长着小胡髭,像只色彩鲜艳的鹦鹉,通身洋溢着安逸的贵族气息,却没有艺术家的才智。"(D,II,216)维塔直

20世纪30年代的弗吉尼亚·伍尔夫

接写信给伍尔夫:"我非常喜欢你。"伍尔夫写道:"你真的爱我?有多爱?毫无理性的热情?"(LETT,III,570)两个女人很快开始书信往来调情,通信维持了十七年之久,尽管她们的性行为持续的时间要短得多。

1925年12月,她们第一次发生性关系。当时弗吉尼吉去朗伯恩拜访维塔,激情被点燃了。随后,维塔在一封信中写道:"在我房间的沙发上发生的那次爆炸,你的行为很不光彩,将我永远捕获。"弗吉尼亚描述道:"在朗伯恩的那个冬天的晚上,你被捕捉。"(LETT,III,568)没说伦纳德和她还有维塔在那里度过的第三个晚上。然而,维塔意识到,全面的性觉醒可能会危害到她新情人脆弱的精神稳定。第二年,她告诉哈罗德:"我和她睡过(两次),但……我害怕激起身体上的感觉,因为太疯狂了。"然而,1926年1月21日,维塔告诉伍尔夫:"我变成一个想要弗吉尼亚的人。我在噩梦般的不眠之夜给你写了一封精美的信,这一切都过去了。我只是想你,以一种很简单的、绝望的人类方式。"差不多正好一年之后,1927年1月29日,她又写道:"你为什么不和我在一起?啊,为什么?我真的非常需要你。"

用伍尔夫的话来说,她对维塔的迷恋可能是一种对幻觉和让生命"颤动"的能力的迷恋。伍尔夫深深地感受到维塔的力量和魅力,她在1927年开玩笑地命令她改变自己的生活:

喂，维塔——抛弃你的男人，我们去汉普顿官，一起在河边用餐，在月光下的花园里漫步，深夜才回家，来一瓶美酒，带几分醺意，我会将脑海中的所有事情都告诉你，数百万的、无以计数的——它们白天不会萌生，只有夜晚在河边才会喷薄而出。考虑考虑吧。抛弃你的男人，嗨，来吧。
(LETT，Ⅲ，393)

当然，《奥兰多》是她在感情最强烈的状态下创作出来的，就像维塔告诉她的那样："我承认，这是一种新的自恋，我爱上了奥兰多，这是我没有预见到的复杂情况。"
(LETT，Ⅲ，574)

6 塔维斯托克广场52号
1924—1939年

> 她和从未说过话的人之间存在着一种奇特的共鸣,街上的某个女人,柜台后面的某个男子——甚至和树或者谷仓都有共鸣。
>
> 《达洛维夫人》(1925年)

由于渴望回到伦敦生活,并且在蒙克屋的家里经常烦躁不安,1924年伍尔夫夫妇搬到塔维斯托克广场(Tavistock Square)52号,继续经营规模不断扩大的霍加斯出版社,现在这家出版社就设在他们的地下室里。这并不总是一种乐趣,随着出版社的扩大,需要他们付出更多时间,而伦纳德想把精力投到新闻写作、看书和政治活动上,伍尔夫则想要更多的时间来写小说。从给较短的作品排版(较长的作品则外包给商业印刷厂)到包装、与书商和推销员会谈,各种机械性的工作占用了他们大量时间。虽然他们只有两名雇员,即一名助理和一名秘书,但他们需要监督一个令人担忧的企业之日常运作——1927年他们的净利润只有27英镑。

伍尔夫夫妇租下的这处伦敦房产,期限为十年,由瓦妮莎和邓肯·格兰特负责装修,他们夫妇1924年3月15日搬进去。整个街区似乎都是布卢姆斯伯里的重现,正如伍尔夫所戏称的那样,西边不远处的戈登广场上住满"布卢姆斯伯里团体成员":克莱夫·贝尔在艾德里安·斯蒂芬50号的房子里有一套公寓;瓦妮莎租下37号,当她不在苏塞克斯或法国时,她就和邓肯·格兰特同住在这里;约翰·梅纳德·凯恩斯和他的妻子莉迪娅·洛普科娃(Lydia Lopokova)住在46号;利顿·斯特雷奇的弟弟詹姆斯住在41号,而拉尔夫·帕特里奇也在那里有一套公寓;再往西一点,奥托琳·莫雷尔夫人住在高尔街10号。

伍尔夫夫妇只租了塔维斯托克广场52号的地下室和顶楼两层。一楼和二楼租给多尔曼和普里查德律师事务所(the solicitors Dollman & Pritchard)。出版社由一系列地下室房间组成,那些房间曾用作厨房、洗碗间和食品储藏室,现被改造成办公室、书商代表的门市部、印刷室和贮藏室。一条又长又暗的通道将这些房间与一个带天窗的大里屋连接起来,这个里屋曾被用作台球房,后来改成伍尔夫的工作室。坐在一把旧扶手椅上,膝头放一块三夹板,只要身体条件允许,伍尔夫每天通常写作三个小时。写完后,她会上楼,吃午饭,然后写篇评论、随笔或书信。从下午 4 点开始,她一般会招待朋友,或者带着她的狗去广场上散步。

现今塔维斯托克广场上的弗吉尼亚·伍尔夫半身像,2004 年由弗吉尼亚·伍尔夫协会竖立

在此期间,她一直在收集并出版她的随笔,这些随笔不久将分两卷出版,名为《普通读者》。第一卷在 1925 年发表,是献给利顿·斯特雷奇的。在这期间,她也在创作《达洛维夫人》,小说中塞普蒂默斯·沃伦·史密斯的意大利妻子露西娅,在一定程度上是以梅纳德·凯恩斯的俄国

妻子洛普科娃为原型的。1924年5月，可能也反映了她在小说中对心理学的关注，伍尔夫和伦纳德与英国精神分析学会就安排国际精神分析系列丛书的出版事宜进行协商，从而促成了《弗洛伊德全集》英译本的诞生。

1927年伍尔夫在蒙克屋，邓肯·格兰特拍摄

充满生气的伦敦如今取代沉闷的里士满，伍尔夫在日记中写道："伦敦，汝是宝中之宝，予人欢乐之宝。"（D, II, 283）但1926年7月，她又经历了一次精神崩溃，在一篇名为《自己的脑袋》的日记中她曾提及此事。她沉默不语，无法阅读，大脑一片空白："弗吉尼亚·伍尔夫的性格

和气质全然不见了……我觉得可以写作，但我抵制住这种诱惑，觉得还不行。"（D，III，103）写作对她来说意味着活力："一旦写红了眼就无法停止。散步时我在遣词造句，坐着时我在构思场景。简而言之，我正处于一生中前所未有的最狂热状态。"（D，III，161）她后来写道："我以前总是以这样的速度来编故事，一旦拿起笔和纸，我就像一个倒置的水瓶。"（D，III，222）"我唯一能活下去的办法就是工作"，她解释说，"一旦停止工作，我就觉得自己在往下沉，往下沉。"（D，III，235）

然而，从1919年的"现代小说"[1] 开始——1925年作为"现代小说"[2] 被收入《普通读者》，伍尔夫这一时期的几篇随笔表现出她作为一个作家时有时无的自信。她认为，托马斯·哈代和约瑟夫·康拉德要比 H. G. 威尔斯、阿诺德·贝内特和约翰·高尔斯华绥更出色，后者只是"物质主义者"。他们关注的是人物的肉体而不是精神，这令伍尔夫很失望。他们写的事"都无关紧要"，使得"鸡毛蒜皮转瞬即逝的东西看起来真实经久"。几段之后，她写道："生活并不是一连串左右对称的马车车灯，生活是一圈光晕，一个始终包围着我们意识的半透明层。"她引用詹姆斯·乔伊斯的话作为结论：内在的思想和外在的行动决定一个人的性格。

---

[1] 原文是 modern novels。（译者注）
[2] 原文是 modern fiction。（译者注）

她第一个版本的《贝内特先生与布朗夫人》(1923年)和《小说中的人物》(1924年)即将问世。1923年3月,贝内特在《卡塞尔周刊》上发表《小说正走向衰落?》一文,为现实主义和传统小说形式辩护,伍尔夫写下《贝内特先生与布朗夫人》,反驳说他的假设已经过时。贝内特辩称,强烈的情感,先由作者感受到,再由人物感受到,这是小说真实的先决条件,也是一部成功小说的终极检验标准。他说很少读到比伍尔夫的第三部小说《雅各的房间》写得更"聪明的书","它在一个小圈子里造成大轰动"。但他觉得小说中的人物不真实:作者"沉溺于新颖巧妙的细节"。伍尔夫的回应——部分是为了证明她对小说人物的处理是正确的——是对爱德华时代小说人物的假设提出挑战。按照伍尔夫的说法,萨克雷的《潘登尼斯》之所以取得成功,是因为人物形象生动,但是爱德华时代的人改变了策略,把焦点放在时弊上,将小说家变成了改革家。接着她说陀思妥耶夫斯基塑造的人物没有特色,她评论拉斯科尔尼科夫(Raskolnikov)或斯塔夫罗金(Stavrogin)道:"我们走进他们,就像掉入某个巨大的洞穴。"维多利亚时代以令人信服的细节为特征的个性化,已经被无知所取代,而爱德华时代的作家只注重泛泛而谈和人物的类型,乔治时代的作家继续采用这种方法。威尔斯、高尔斯华绥和贝内特没有深入挖掘——布朗夫人没有坚实的立足点,她参与的每一场戏都在变化,乔治时代的作家没有把她原本的样子描写出来。

第二个版本的《贝内特先生与布朗夫人》更加尖锐。1924年5月18日,它作为一篇演讲稿在剑桥大学被宣读,接着于7月刊登在T. S. 艾略特的《标准》上,题为《小说中的人物》。随后它以小册子的形式在1924年10月由霍加斯出版社出版,用它的原标题作为《霍加斯随笔:第一辑》中的一个卷名,封面是瓦妮莎设计的一个正在读书的女人。这篇随笔对贝内特来说是一个更大的挑战,伍尔夫说她想用"更大胆而不是谨慎"的语气讲话,她认为"在1910年12月前后,人的性格变了"。那一年爱德华七世驾崩,第一届后印象派画家作品展举办。她认为,人与人之间的一切关系都发生了变化,这意味着信仰、文学和政治行为也随之发生变化。对小说家来说,塑造人物形象成为一种困扰。然后她讲述了一个布朗夫人和史密斯先生在乘坐从里士满开往滑铁卢的火车上发生的故事。然而,她的轶事没有结尾,她的目的是让读者明白,一个人物形象是如何给别人留下深刻印象的,但是她也别开生面地提议,如果由英国、法国或俄国的小说家来写布朗夫人的故事,情况会有所不同。

但是小说家要描写的现实是什么,谁该充当原型?威尔斯、高尔斯华绥和贝内特只能提供不完整的例子。然而,斯特恩和奥斯丁都"对事情本身、人物本身、作品本身感兴趣",他们与爱德华时代的人不同。伍尔夫想象这三位作家和布朗夫人一起乘火车前往滑铁卢。威尔斯会对布朗夫人和她的穷苦视而不见；高尔斯华绥宁愿花时间关注上流社会；而贝内特则会实实在在地观察车厢里的细节（椅垫在两边扣子的当中如何凸起来，或者布朗夫人是如何修补她的手套的），但对她的性格、感情或情绪一点也不考虑，他根本不描写人物。对伍尔夫来说，只强调"物体的结构"而不是个体，实际上不是创造角色，而是破坏角色。但是那些所谓的"乔治时代"的作家（这里指 E. M. 福斯特、D. H. 劳伦斯、康拉德和乔伊斯）没法写新东西，所以他们就解构眼前的事物："文法被破坏，句法烟消云散。"乔伊斯、艾略特和斯特雷奇成为这方面的引路人。读者的工作就是要求"作家从高台宝座上走下来"，把布朗夫人描绘成一个拥有无限能力的女人——但是在它实现之前，你们必须暂且容忍"那些即兴的、晦涩的、片断的和失败的东西"。

除了这些随笔和讲话，1925 年夏天在《达洛维夫人》发表之前，伍尔夫辛辛苦苦创作了几部新小说和一系列评论，为了赚到 300 英镑来装修浴室和扩建蒙克屋。她也承认宣传的重要性，并在 4 月接受了《时尚》杂志的采访，就在《达洛维夫人》发表前一个月。《达洛维夫人》出版之后，人们对它的评价褒贬不一：《观察家》杂志和 E. M. 福斯特对它很推崇，但维塔·萨克维尔-韦斯特却持谨慎的态度——她更喜欢《普通读者》，称《达洛维夫人》为"镜花水月",这正是伍尔夫在《小说中的人物》里使用的措辞。

在《达洛维夫人》中,伍尔夫让《远航》里的克拉丽莎和理查德·达洛维这两个角色复活了。社会、战争和精神疾病都是小说要表达的主题,正如她在日记中所讲的那样:"我想以最强烈的方式揭露并批评现有的社会制度。"(D, II, 248)统治阶级被证明是僵化、停滞的,无法处理第一次世界大战造成的创伤,这种创伤即使用药也不能治愈。小说中塞普蒂默斯·沃伦·史密斯的自杀就是一个鲜明的例子,说明了一个被冻结在过去、无法面对未来的社会所存在的不足。没有直接的战争场景出现(在她后来的作品《岁月》中,有一个发生在1917年的空袭场景),但战争的影响在作品中几乎无处不在。

这部小说源自一个名为《达洛维夫人的聚会》的短篇故事集,可以更恰当地理解为那是给这部小说准备的一组速写。与小说最接近的故事是《邦德街上的达洛维夫人》,她本打算把它作为该书的第一章。伍尔夫还在写小说《首相》,讲述的是一个叫塞普蒂默斯的角色密谋刺杀首相。她想将这两个故事合并成一部小说,姑且叫做"在家里或聚会上",她是在完成《雅各的房间》之后开始思考这部小说的。眼看《雅各的房间》即将出版,她在日记中写道:"如果他们说这一切都是聪明的实验,我会把《邦德街上的达洛维夫人》做成成品。"(D, II, 178)1922年,当她说这一番话时,她正在读普鲁斯特的《追忆似水年华》第二卷,同时也在写后来被收录进《普通读者》里的那些随笔,并重读乔伊斯的《尤利西斯》。

《达洛维夫人》的原型有很多,尤其是伍尔夫在精神崩溃时对医生产生怀疑的那种经历。小说中,威廉·布拉德肖爵士(William Bradshaw)和福尔摩斯医生在治疗塞普蒂默斯的弹震性精神病时,表现得无能为力,毫无把握。关于伍尔夫的状况,医生曾给出三种不同的看法,但都不令人满意。描写塞普蒂默斯发疯的场景实际上可能反映了伍尔夫在1912至1913年的亲身经历。他的一些临床表现与伍尔夫的很相似,例如,塞普蒂默斯听见鸟儿说希腊语,这正是伍尔夫亲身经历的反映。

战争当然是小说中的重大事件,但是除了表现在塞普蒂默斯身上之外,它都发生在幕后,当它悄悄出现在小说的舞台上时,人们会出乎意料地选择默默承受。克拉丽莎把贝克斯伯罗夫人理想化了,"据他们说,她在主持义卖市场的开幕式时,手里还拿着报告她最心爱的儿子约翰牺牲的消息的电报。""板球拍的轻击声"代替了炮轰声。(MD,4)最糟糕的是,面对"心爱的儿子"阵亡的噩耗,福克斯克洛伏特太太悲叹道:"那古老的宅第就要由犬子的一个堂兄弟继承了。"(MD,4)讽刺的是,伍尔夫身边有很多人认为战争完全是过去的事情,不必再为此担忧。

与小说中这一令人痛苦的元素形成反差的是,克拉丽莎·达洛维在威斯敏斯特的生活看似丝毫未受影响,她正忙着为丈夫（一位保守党的中层政治家）筹划聚会。她生活在时尚的梅菲尔区哈利街（Mayfair and Harley Street），那里是伦敦上流社会住宅区，还有不少专为达官贵人看病的内科医生诊所。然而，克拉丽莎因严重的抑郁症正在接受治疗，她发现自己无法摆脱过去，这一点从她早期的爱慕者彼得·沃尔什（Peter Walsh）的归来和莎莉·西顿的一个吻等回忆中可见一斑，而莎莉的吻至今仍令她着迷。塞普斯蒂默斯在等待进入精神病院时自杀的余波，以及克拉丽莎意识到过去对她来说多么鲜活，这影响到很多人。小说的最后，彼得·沃尔什离开印度之后英国发生了许多变化，他问——却无法回答——"怎么有这种恐惧？怎么有这种狂喜？"（MD，165）伍尔夫成年后一直在追寻这些问题的答案。

政治是小说的间接中心，不仅因为保守党首相出现在达洛维夫人的聚会上，还通过理查德·达洛维的评论来体现。从历史上看，这是一个转型期，工党将在1924年1月取代斯坦利·鲍德温（Stanley Baldwin）领导的保守党成为执政党，正如小说中的几个人物所预料的那样。拉姆齐·麦克唐纳（Ramsay MacDonald）将成为首相，尽管他执政只有一年。但是达洛维夫人所在的阶层在政治和社会上都受到明显威胁，因为大英帝国面临各种压力：1922年爱尔兰宣布独立，殖民统治下的印度正蠢蠢欲动，英国的执政党也不稳定，使得外交关系变得愈发困难。

小说中的世界也是一个死人显然会回来困扰活人的世界——或者说似乎是这样。彼得·沃尔什确信克拉丽莎的姑妈海伦娜·帕里（Helena Parry）已经去世，对她出现在晚会上大感震惊。（MD, 151）伍尔夫所描述的社会是僵化的而不是有弹性的，它不能容忍任何风吹草动，克拉丽莎不耐烦地问道："布拉德肖夫妇有什么权利在她的晚会上谈论死亡？"（MD, 156）讨论塞普蒂默斯自杀的想法本身就是无法容忍的，尽管在小说最后布拉德肖向理查德·达洛维提到弹震症后果与一项延迟的议案有关。（MD, 155）

和《尤利西斯》一样，这部小说的背景设定在1923年6月的某一天，用十二个未编号的章节将几个故事联接起来。但它的结构是循环的，适时地来回移动，所描写的心理意识的神韵能立即将读者吸引过来。有趣的是，在《达洛维夫人》和伍尔夫的下一部小说《到灯塔去》中，这些元素在社交聚会上达到高潮：《达洛维夫人》的宴会和《到灯塔去》第一部分结尾的晚餐。无论从内部还是外部表现看，聚会揭示了人物的冲突。《达洛维夫人》所表明的是，现实主义小说的传统形式不能包含人物或社会的复杂动机和矛盾。这部小说揭示了记忆闪现、战争影响、婚姻中的妥协、教育体制的性别化本质，以及政治、性、宗教和医学的复杂性。新近涌现的现代主义作家，例如普鲁斯特和乔伊斯，也为她提供了某种引领。1922年8月，伍尔夫开始写《达洛维夫人》时，她正在读《尤利西斯》，用她

的话来说,这本书变成了"对精神错乱和自杀的研究;它通过正常人与疯子的双重视角来看世界"。(D, II, 207)

人们对这部小说的反应各式各样,伍尔夫写信给朋友解释说,她本意是想让塞普蒂默斯和克拉丽莎"完全依赖对方",希望理查德·达洛维被人喜欢,而休·惠特布雷德"被人憎恨"。(LETT, III, 189, 195)伍尔夫觉得她必须为这部小说的某些元素辩护,于是在1928年美国现代文库版的《达洛维夫人》中写了一篇特别的序言。评论家们认为塞普蒂默斯这个角色让人分心,而彼得·沃尔什是克拉丽莎的依附者。但大多数评论家认为,这是她的第一部成熟作品,以人物意识为中心。克拉丽莎和塞普蒂默斯的双重叙事与小说追求统一相抵触,但伍尔夫通过人物心理和作品主题加以关联实现了这个目标,创作出她最受欢迎的两部作品之一(另一部是《到灯塔去》)。讽刺的是,伍尔夫自己也感到困惑,正如她告诉珍妮特·凯斯的那样,每个人似乎要么喜欢《达洛维夫人》,要么喜欢《普通读者》,"或者反过来,恳求我只写小说或只写评论,而我两者都想做"。(LETT, III, 191)

完成《达洛维夫人》之后,伍尔夫几乎立刻开始创作《到灯塔去》,她在塔维斯托克广场散步时产生了写这部小说的灵感,延续了这一时期她创造力爆棚的状态。但在保持积极的社交生活和反思生活的同时,她撰写有关《源氏物语》、乔纳森·斯威夫特(Jonathan Swift)、威廉·康格里夫（William Congreve）和查尔斯·狄更斯以及其他一些作家作品的评论，随后她又一次精神崩溃。尽管反复头疼，她还是坚持创作，甚至为自己的写作技巧辩解。珍妮特·凯斯认为伍尔夫更重视创作方法而不是思想，伍尔夫回答她说："一个事物表达得越好，它的思想就越透彻。"（LETT, III, 201）她还在1925年9月读《哈姆雷特》，12月初观看芭蕾舞表演（这是她两个月以来第一次在晚上外出），12月中旬与维塔·萨克维尔-韦斯特开始恋爱，并在朗伯恩度周末。

然而，创作《到灯塔去》是具有挑战性的。她在1926年2月3日写给维塔的信中说，她无法"与想象中的人物在一起"的同时维持社交生活：

> 并不是说他们是人：在小说中，你想象的是一个世界。然后，当你构想这个世界的时候，突然有人闯进来——但我不知道为什么要这样做，或者说为什么它可以减轻生活的痛苦，却不能使人真正快乐，因为压力太大了。啊，做完这件事，就自由啦。（LETT, III, 238-239）

尽管如此，她继续回忆起在康沃尔郡圣艾夫斯的塔兰德屋度过的夏天，全家在那里度过了十三个夏天，直到1895年她母亲去世，这一切戛然而止。不过，一家人去圣艾夫斯度假是一段特殊的时光，而从肯辛顿移居到海滨则是一个劳逸结合的过程。她父母参与社区活动——莱斯利·斯蒂芬是艺术俱乐部的成员，她母亲朱莉娅从事公共卫生和护理工作。大多数晚上，孩子们都会看到戈德雷维灯塔射出的光束扫过海面。在《到灯塔去》中，伍尔夫将故事的背景从康沃尔转到赫布里底群岛，通过把情节发生地点搬到苏格兰西北海岸的斯凯岛，来强化与世隔绝的思想。

尽管塔兰德屋能唤起温暖的回忆，但它也给伍尔夫留下了创伤，最重要的一件事是她曾受到杰拉德·达克沃思的性侵，《回忆随笔》揭露道：

> 我还记得他把手伸到我衣服下面的那种感觉，坚定地，越来越低。我记得我多么希望他能停下来；当他的手接近我的私处时，我是如何僵直身子，拼命扭动的。但它没有停止。

这部小说还有一个更大的挑战，那就是她父亲和她母亲的形象。按照伍尔夫最初的设想，"中心是父亲的性格，他坐在船上，吟诵着'我们死亡，孤苦无依'，一边将一条垂死的马鲛鱼碾碎"。(D, III, 18 - 19) 当她最后完成《到灯塔去》时，她写道：她"不再为母亲所困扰"。"我再也听不见她的声音，也看不见她了"。父母的叙事优先次序在文稿中仍然存在冲突，但他们最终随着小说的完稿被整合在一起。这部小说是献给她父母的挽歌和驱魔曲：她"病态地"迷恋着这两个人,"写下它们是必要的"。(D,III,208)伍尔夫自己也明白,她"为自己做的就像心理分析师为病人做的一样"。她表达了一些"长久以来深切的情感",在把它们说出来时,"我解释清楚了,然后不再纠结于此"。但在1927年2月她似乎有些疑惑,她在日记中写道:"如果他们——那些可敬的朋友们劝我不要写《到灯塔去》,那么我就写回忆录。我已经计划好收集历史手稿,撰写'凡人琐事'。"她很快补充道:"可我何必假装听取他们的建议呢?"(D,III,129)。

作为瓦妮莎的化身,莉莉·布里斯科在《到灯塔去》中居于中心地位,小说的最后一页,她在画布中央画了一道线,她从头到尾忙于创作这幅画的重要性,肯定了瓦妮莎的创造力和审美观。然而,正如班克斯先生所说,莉莉的抽象作品是暗示而不是描述拉姆齐夫人和詹姆斯,这给看画的观众带来麻烦。母亲和孩子是"受到普遍尊敬的对象",但在这里他们被简化成"一团紫色的阴影而毫无不敬之意"。班克斯先生用他的小折刀的骨质刀柄轻轻敲着画布,好奇地问:她想用"这个紫色的三角形表示什么。'就在那儿?'"莉莉回答说,她的作品想表达"拉姆齐夫人给詹姆斯念故事",并且为她的想象力辩解,她告诉他,"这幅画画的不是他们……至少不是从他理解的意义上的他们"。(TL,45)班克斯先生的困境也是读者的困境:如何理解这些抽象符号?它们是不是朱莉娅和莱斯利·斯蒂芬的写照？拉姆齐先生的利己主义和笨拙地要求情感上的关注，是真实的还是虚构的？从某种意义上说，这并不重要，除非在伍尔夫虚构的世界中，它保持着艺术上的真实性。

正如莉莉所理解的那样，读者必须认识到，目标"不是知识而是合一"。(TL, 44)事实上，合一正是这部小说所努力追求的。纵观全书，这是拉姆齐夫人在某些瞬间所体验到的东西，包括当她从编织的毛线活上抬起头来，眼光和灯塔上扫射进她房间的长而稳定的第三道光束相遇，"她觉得就像她自己和自己的目光相遇"。(TL, 53)与自我的合一相匹配的是时间和地点的合一。因此，灯塔是永恒的，而家却不是，它在实验性的《岁月流逝》部分里日渐式微，伍尔夫在她的笔记本上画出"H"图的中间部分，勾勒出这部小说的轮廓。灯塔——年轻的詹姆斯·拉姆齐所期望的目标——是船只的守护神，象征着人类试图掌控世上的种种危险。它那坚定不移的光是一盏明灯，是一种理想，就像拉姆齐夫人一样，随着"岁月流逝"，她依旧如此。

小说的第三部分，也是最后一部分叫做"灯塔"。小说的第一部分，也是开篇部分叫做"窗"，给人一种眺望远方、展望未来和超越眼前的感觉。当拉姆齐先生、詹姆斯和卡姆最终抵达灯塔，莉莉也完成她的画作时，卡迈克尔先生出场，手里拿着一个紫罗兰和长春花编成的花环，那是拉姆齐夫人最爱的花。当花环从他手中慢慢地落在地面上时,莉莉完成了她的画作:神话般的自然世界与艺术世界融为一体。

小说开头,拉姆齐一家八个儿女个个性格活泼、充满朝气,不论是6岁的詹姆斯(小说结尾时他16岁,在小说的最后几页,他从父亲那里获得渴望已久的赞许),"像一只鸟,一粒子弹,或一支箭"一样跑过草坪的最小的女儿卡姆,(TL, 46)还是将来死于难产的普鲁。死亡也将夺走安德鲁的生命,他会被炸死在战壕里,很可能是当场死亡。拉姆齐夫人则在50岁时几乎是悄无声息地猝然离世。这些悲剧发生在幕后,通常是备注在括号里。

在这部小说中,伍尔夫揭露了男性的破坏力,她会在《一间自己的房间》和《三个基尼金币》中继续挑战它。听闻查尔斯·斯坦利(Charles Tansley)说"女人不会写,女人不会画"后,莉莉很愤怒,发誓要证明他的观点是错误的。(TL, 71, 74)拉姆齐凌驾于妻儿之上的权力同样证实了小说中父权制的权威,这种权威甚至在乘船去灯塔的旅途中依然存在。最后,莉莉完成她的画作,希望能主宰这片土地,但是拉姆齐先生大踏步登上灯塔石,仍想维护他的绝对统治。

在评论《到灯塔去》中与父母的心理交锋时,伍尔夫后来用航海的形象比喻描写道:"我沉入深处,摆好进攻的架势。"(D, III, 203)这种观点与罗杰·弗莱的观点相似,他在《视觉与设计》一书中解释说,艺术"不是追求模仿形式，而是创造形式"。尽管正如小说开头讲述拉姆齐夫人时所说的那样"眼前是一片无垠的碧蓝海水"，（TL，14）伍尔夫还是通过艺术、家庭和自我找到了容纳它的方法（用盘子来暗示）。平衡小说的"棱角本质"是一种变革性的诗学，它调和块面[1]与形式，使审美观念成为可能。（TL，22）自然物体与美学形态相结合。写作和阅读的行为包含了小说在根本上和艺术上都实现的一个实体维度。

伍尔夫对《到灯塔去》充满信心，它的预售总量超过1600册，是《达洛维夫人》的两倍多。她送给维塔一本，期待着她第二次波斯旅游归来。伍尔夫在书上题词："依我之见，这是我写的最好的小说。"（LETT，III，372）那是一本装帧完好的假书，里面是空白的书页——一个玩笑而已。相比之下，伦纳德出于对成功的预感，吩咐印刷3 000册，并很快要求再印1 000册。伍尔夫的第五部小说《到灯塔去》的销量超过了她之前所有作品的销量——这一成就使她和伦纳德在1927年7月购买了一辆豪华的辛格汽车。

《到灯塔去》取得成功，广受好评，即使连性格乖张的阿诺德·贝内特也承认这是伍尔夫最好的作品，尽管他的称赞带有一种教导的口吻："她的人物刻画有所进步。拉姆齐夫人几乎是一个完人。不幸的是，她去世了。"但他认为

---

[1] 块面：造型艺术的术语之一，指构成立体图形的平面。立体图形是由各种面组成的，例如立方体有六个面，这些面习惯上称为块面。因此块面是存在于三维空间中的面，具有结构的含义。这使它不同于二维平面上的面。块面可以是实际存在的，也可以是为理解对象的结构而虚构的。（译者注）

情节过于简单:"一群人计划乘小船去灯塔。最后,他们中的一些人乘小船到达灯塔。这就是情节的外部效应。"然后,他抱怨伍尔夫的写作风格,但又不情愿地承认,这本书"内容强大,足以承受大量的负面批评"。其他人则更加热情,罗杰·弗莱对她说,这是她做过的最完美的事。针对他关于灯塔隐含的象征意义的评论,伍尔夫的回应——"我没有赋予灯塔什么涵义",与"我不得不在书中贯穿一条中心线,以便把构思聚拢起来"的评论形成鲜明对比。(LETT,III,385)美国诗人康拉德·艾肯(Conrad Aiken)在一篇评论中指出,《到灯塔去》展示了伍尔夫的写作变化:从《雅各的房间》和《达洛维夫人》的"枯燥乏味的机敏"到更加有影响力的东西。在这部新小说中,伍尔夫发现它的复杂性不亚于她的写作技巧。意识流的运用使拉姆齐夫人"惊人地活着",而伍尔夫则实现了"对生活的诗意理解"。艾肯补充说:"在这满屋子古怪的好人当中,什么也没发生,然而一切都发生了。"埃里希·奥尔巴赫(Erich Auerbach)在其具有里程碑意义的文学批评著作《摹仿论》的最后一章中,引用《到灯塔去》来赞美这种新的叙事方法,称其体现了作者对现实的多元态度,并融合了小说的创作目的。

《奥兰多》比《到灯塔去》晚一年发表。该小说于1928年10月出版,轰动一时;它立即成为英国的畅销书,使伍尔夫成为当代最著名的作家之一。早在1927年2月,她就考虑创作一部"脱离事实的作品：风格自由但又凝练、既是散文又是诗歌、既是小说又是戏剧"。(D, Ⅲ, 128)她几乎马上就知道这本书的内容是关于维塔的，后者在1927年10月回信说："我的天啊，弗吉尼亚，如果说我曾经感到激动和恐惧的话，那就是我将被塑造成奥兰多的样子。这会给你带来多少乐趣，会给我带来多少乐趣。"早在六天前，也就是10月5日，伍尔夫在日记中写道，她想写一本"名叫《奥兰多：维塔》的传记。从1500年写起直到今日，只是从一种性别到另一种性别的变化"。(D, Ⅲ, 161) 1928年11月7日她写道，《奥兰多》"教会我如何直截了当地写句子，教会我如何叙事和保持连贯，以及如何与现实拉开距离"。(D, Ⅲ, 203)

当时伍尔夫正在创作一本关于小说本质的著作，《奥兰多》的灵感不期而至。她在1927年10月9日写给萨克维尔-韦斯特的信中解释说，"仿佛是无意识地"，她身处绝望之时，在一张白纸上写下了"奥兰多：一部传记"的字样。"一写完这些字，我变得欢欣鼓舞，脑子里充满了创意。"她满怀热情地投入创作，最终诞生了一部妙趣横生的文学作品、一篇天马行空般的英国历史书卷，而且每一章都有相应的文体。从一开始，她就把它设想成一部讽刺作品、一个幻想，她在日记中将其描述为"半开玩笑半是认真、极尽夸大之能事"。(D, Ⅲ, 168) 从开始写算起一年之内，《奥兰多》就出版了。与富有想象力的《到灯塔去》不同，

《奥兰多》依靠的是历史、"事实"和现实生活中的人物原型,最重要的原型就是维塔·萨克维尔-韦斯特。伍尔夫在日记中指出,《奥兰多》必须"在真实和幻想之间保持平衡",但是它"立足于维塔、维奥莱特·特莱弗斯、拉斯塞勒勋爵、诺尔庄园等"。(D, III, 162)

但《奥兰多》究竟是一部长篇小说、传记、散文化小说,还是散文体奇幻小说呢?书商把它和传记放在一起,但伍尔夫反对,可她也不喜欢它被称为"小说"。通过采用传记作家的叙述口吻,她得以实现"到此为止,我们还有确凿的根据说明事实真相,即使这根据还有些褊狭"。(OR, 126)然而,用伍尔夫的话来说,小说"本身是强有力的……好像它横扫一切而得以存在似的"。(D, III, 168)但事实上,她早就在考虑写这样一部讽刺作品了,一部用"嘲笑世间一切"来嘲讽自己的"抒情风格"的作品。她继续说道:"在这些严肃的充满诗意的实验性作品之后,我需要一次恶作剧。"(D, III, 131)几个月后她写道,这部小说"应该是真实的,但又是异想天开的"。(D, III, 157)她已经45岁了,但仍然渴望从自己以往那些更严肃的作品中解脱出来,来上一个轻松愉悦的"作家休假"。(D, III, 177)

读者并不介意这种含混不清的文学风格或夸张的写作手法。主人公被伊丽莎白女王任命为英国驻君士坦丁堡大使,混迹于吉普赛人之间,他在18世纪穿得像个男人,在

19世纪变性,成为一个诗人,在20世纪以此为荣,这似乎既富有幻想又充满乐趣。这本书非常畅销,公众对作品中的历史反应强烈,避免了《到灯塔去》中看到的心理反省。然而,在《奥兰多》的戏仿家族史中,历史人物的现身是有规律的,从伊丽莎白一世女王到亚历山大教皇和莎士比亚。两页半的索引,加上序言和插图,增强了文本的可靠性。"序言"中过分地表达了致谢之词,包括伍尔夫的外甥女安吉莉卡·贝尔穿着奇装异服,摆出《孩提时的俄罗斯公主》姿势的肖像,这是八幅插图中的一幅。然而,并没有对受奉献者维塔·萨克维尔-韦斯特加以赞誉,也没有提到她在代表18世纪、19世纪和20世纪的三张照片中出现。维塔的形象被嵌入小说中,从她去东方旅行(在土耳其的那段经历)到她的异装癖(在18世纪变性),她的《大地》获得霍桑登奖(戏仿为奥兰多凭《橡树》获得伯德特·库茨纪念奖),以及她对自家的诺尔庄园所有权的诉讼(一场轰动一时的法律诉讼案)。构成奥兰多生活的事件让人联想到维塔的经历以及她的性行为。在整部作品中,伍尔夫对性别意识和历史观予以修正和挑战。

这本书以伊丽莎白时期16岁的少年奥兰多开始,到1928年出版时奥兰多是一个女人结束。全书共六章,借助戏仿、拼凑与戏谑等手法来安排小说的叙事,用传记的传统手法做实验。在某个时刻,叙述者甚至说出我们正在读的这段文字的写作日期。虽然人物逃脱了时间的影响,但按年代顺序来叙述是有趣而突出重点的。这个故事开始于16世纪，奥兰多当时16岁，四百年后故事结束时，奥兰多才36岁。其他人物也同样逃脱衰老的命运，特别是奥兰多的女管家格里姆斯蒂奇夫人，她为奥兰多工作了两个世纪；还有个18世纪名叫尼克·格林（Nick Greene）的人，他在19世纪时以评论家尼古拉斯·格林爵士的身份重新出现。（OR，263-265）正如叙述者在书的结尾所写，"人生的真正长度"，无论《英国名人传记辞典》上怎么说，"永远是个有争议的话题"。（OR，291）叙述者还补充道：当然在一个似乎完全是不断变化的世界里，"没有什么东西能够从头到尾看到完整的全部"。（OR，293）在这种情况下，自我成为一个多重的身份，能够召唤其他的自我。

《奥兰多》在美国和英国都取得了商业上的成功，大受欢迎。1928年11月，英国《每日纪事报》声称，"这本书在布卢姆斯伯里是个笑话，在梅菲尔区是必需品，在美国则是一部经典著作"。随着《到灯塔去》的热销，伍尔夫一家在经济上得到了保障，甚至变得富裕起来。研究霍加斯出版社的一位历史学家写道，《奥兰多》出版之后，伍尔夫一家的年收入"是1924年的两到六倍"。

在创作《奥兰多》的同时，伍尔夫还在努力写一篇长文《小说概观》（最初打算写成一本书），实际上在写《奥兰多》之前她就已经动笔，但觉得单调乏味。伍尔夫最终完成这篇随笔，并在1929年分成三个部分发表，它将小说家划分为不同的类别：第一类是"写真实的作家"，他们依赖一个稳定的世界；接下来是"浪漫主义风格的作家"，"贩卖性格的人与喜剧演员"；"心理小说家"，诸如詹姆斯、普鲁斯特和陀思妥耶夫斯基等人；"写讽刺小说和奇幻小说的作家"；"诗人"，主要是关于斯特恩和托尔斯泰的比较讨论，然后是勃朗特姐妹和梅瑞狄斯，最后回到普鲁斯特身上。尽管无法将小说化为一个整体加以定义，但她强调当代的现实观决定了小说这一文类的性质，但对小说家而言这是一个挑战，因为他们必须学会既要退后远观，又能提供一个真实的近距离特写。只有造诣颇深的小说家才能实现两者的平衡。这篇文章与《奥兰多》形成鲜明对比，前者用规定的类别将读者拒之门外，后者则为普通读者打开方便之门。它最初于1929年春天发表在《书商》（纽约）上，后来被收录进她死后出版的散文集《花岗岩与彩虹》（1958年）中。

在《奥兰多》出版的同一个月，伍尔夫以《妇女和小说》为题在剑桥大学作第二次演讲，后来合并她第一次的演讲稿，命名为《一间自己的房间》（1929年）一起出版。当瑞克里芙·霍尔（Radclyffe Hall）的女同性恋小说《寂寞之井》遭遇书报审查麻烦时，伍尔夫还积极参与了此案的司法抗争，在这一时期，她将注意力集中在性别和性认同上。奥兰多成为当代获奖的女性小说家这一情节，预示了伍尔夫将在《一间自己的房间》中提出的观点：女人不能再被湮没或忽视,她们拥有真正的文学才华。《奥兰多》中由"男"到"女"的性别转变凸显出性别的流动性,强化了性别障碍阻挡不了女性取得事业成功的观念。小说(第三章)中奥兰多担任土耳其大使也显现出这种转变,这可谓是女性历史上的巅峰。《奥兰多》为那些在现代社会能够并且取得成功的女性提供了一种新的英雄主义,尤其是为那些作家们,至少在1928年这部小说的结尾和《一间自己的房间》的开头是这样定义的。

《一间自己的房间》在很多方面延续了《奥兰多》引经据典、旁征博引的风格,尽管它直接虚构的成分较少。虽然它消除了《奥兰多》那种基于历史的发展轨迹,但它植根于另一个历史时期:16世纪,它强调的是莎士比亚的虚构的妹妹。其中一个值得注意的联系是,1928年1月在参加托马斯·哈代的葬礼时,伍尔夫第一次想到这样一个演讲。(D, III, 173)

伍尔夫先在剑桥大学给纽纳姆学院的学生作演讲,一周后又在格顿学院作第二次演讲。在已出版的文稿中(原始演讲稿已遗失),她强调女性在不受男性和父权制限制的前提下做自己事业的重要性。其主线是一位叫"玛丽·贝顿"的女人准备去"牛桥大学"作关于女性和小说的演讲,但她也是文中的姑妈,她的遗产使叙述者的经济独立成为可能。被一位教区执事勒令离开学院的草坪后,她继续停留在碎石小路上,并被拒绝进入大学图书馆查阅《利西达斯》或萨克雷的《亨利·埃斯蒙德》，叙述者认为这些规则对于女性而言，是一种体制性的侮辱。这篇演说运用了小说式的叙事风格，同时结合了关于女性地位提出的批判性问题，伍尔夫成功地表达了一种思想立场，为女性指明方向和目标。"一间自己的房间"很快成为表示思想和行动独立的一种隐喻。

在整篇文章中，伍尔夫面对的是真实和幻觉的问题，开头是把第一次世界大战和浪漫精神的破灭联系起来。这仍然是一个永恒的主题，甚至当她讨论莎士比亚虚构的妹妹（朱迪思）时，也暗示她所讲的东西可能是对也可能是错。然而，其中有一点是真实的，因为种种束缚、限制和社会习俗，"在16世纪出生的任何一位具有了不起天赋的妇女都必然会发狂"。（RM，60）她认为"那写了许多诗歌却又不署名的古代无名氏，多半是妇女"，（RM，59）女性现在必须抵制匿名写作。

但正如伍尔夫也认识到的那样，女人面临着物质和心理上的挑战。事实上，没有任何环境允许她们发展自己的想象力，哪怕私下里也不行。从文艺复兴到现今，女人要成为演员、作家或音乐家不仅困难，而且是不可能的。与其说是希望女人低人一等，毋宁说是希望男人高人一等。而女人，尤其是那些渴望成为艺术家的女人，会受到"冷落、非难、训斥和规劝"。（RM，67）

文中比较关键的一点是关于小说的忠实性和真实性的

讨论。伍尔夫承认，书之所以能流传下来并被人们反复阅读是因为它们的忠实性，它能使人确信读到的是真相。（RM, 86）但是小说确实在某个地方"出了岔子"，"想象被滥用"，不堪重负。洞察力被搞得迷乱，再不能分辨真假。忠实性是作家写作的基础，难道性别会"妨碍一位女性小说家的忠实性吗"？她问道。（RM, 87）她接着称赞艾米莉·勃朗特和简·奥斯丁，她们像女人那样而不是像男人那样写作。（RM, 89）这凸显了伍尔夫把自由作为女性的核心价值观。此外，在评论男人和女人的句式风格时，她强调"一本书并不是由首尾相接地排列在一起的句子组成，如果借用一个比喻的话，而是由被建成拱廊和穹顶的句子组成"。重要的是"书必须多少与身体相适应"。（RM, 92, 93）

在第六章也是最后一章中，伍尔夫提到，按惯例每一个演讲必须以结论告终。但她认为保持自我比任何别的事情都更为重要。（RM, 130）她对自己的平淡无奇感到惊讶，但对她来说，这似乎比任何得意都要诚实，因为那种得意是假的。她也承认自己喜欢女人的不同流俗和创造力。要有教养，要坚强，要警惕，要利用你的优势；比如选举权，它最终会在1918年给女人——虽然只是给30岁以上的已婚妇女。然后在1928年发生改变，允许所有21岁以上的女人拥有选举权。如果讲堂内外的女人"都有自己的房间……如果我们有自由的习惯和精确地写出我们的想法

弗吉尼亚·伍尔夫在蒙克屋，1927年

的勇气"，一切将会有所改变。(RM, 133) 然而，我们必须承认我们得独自行走，认识到"我们的关系是与现实世界的关系，而不仅仅是与男人和女人的世界的关系"。只有那样，莎士比亚的妹妹才会再次出现，有可能复活，并且写她的诗——"如果我们为她而努力"。她总结道："而且这样的努力，即使是在穷困潦倒和默默无闻之中，也是值得的。"(RM, 134)

《一间自己的房间》引起的反响可想而知：阿诺德·贝内特认为伍尔夫是自己幻想的受害者，而不是想象的受害者——幻想是一种异想天开的、童话般的产物，而想象是一种有逻辑、有创造性的实质性思维。《泰晤士报文学副刊》将其视为一篇"逍遥学派式的随笔"，而维塔·萨克维尔-韦斯特却出人意料地持批评态度，她认为伍尔夫"太过理智，不可能成为一个彻底的女权主义者"。所谓的性别意识影响到人们对它的接受度，丽贝卡·韦斯特称赞它是"毫不妥协的女权主义宣传"——迄今为止最好的作品。在随后几年里，这本集文学批评和女权主义理论于一体的书成为现代最著名的作品之一。当代批评家和读者对它涉及的政治和心理问题，以及伍尔夫对这些问题的理解，既多有褒扬，又争论不休。

《一间自己的房间》出版之后没过几年，1931年《海浪》发表，它是一个结构上的实验，是由六段相互矛盾的内心独白组成的、重叠的意识流叙事。伦纳德认为这是一部杰作，是她最好的作品；E. M. 福斯特称它为一项非凡的成就。（D，IV，36）而其他人，从伍尔夫本人开始，对此持怀疑态度，她想知道："方法有没有错……有点棘手？"她评论说："有趣的是，找不到一张四平八稳的桌子把它放在上面。"（D，III，264）早些时候在《狭窄的艺术桥梁》（1927年）中，伍尔夫就说过小说将承担诗歌的某些职责。小说所描述的不仅仅是人们彼此的关系，而是"头脑与一般思想的关系以及头脑在寂寞时的独白"。这与《远航》中的特伦斯·休伊特遥相呼应,后者想写一篇关于沉默的小说,"关于人们不愿说的事情。但是难度很大"。(VO,249)《海浪》体现了伍尔夫的格言,即思想比言语更重要。伯纳德发现自己只是一个词藻制造者的同时,也意识到自己"不只是一个人;同时我又是很多很多的人",因此自己吸收了别人的很多思想和观点。(W,231,230)

小说的每一部分都以一大段抒情文字开头,描述太阳的运动,这是作品中为数不多的时间标记之一。七个部分中的第二个部分开头写道:

> 太阳正在升起。蓝色的海浪、绿色的海浪呈扇面状快速冲刷着海滩;它绕过海冬青的花穗,在沙滩上到处留下一片片浅浅的发亮的水坑。海浪退潮时在身后留下一道隐隐绰绰的边缘。那些一度显得朦胧迷离的礁岩,已经逐渐显示出轮廓,露出一条条红色的裂缝。(W,21)

蓝色和绿色反复出现,开头部分让人联想起凯瑟琳·曼斯菲尔德的短篇小说《在海湾》(1922 年)。然而在伍尔夫的作品中,对话和场景基本上被淘汰。《海浪》是一部关于人们不需言说而是感受和思考的小说。我们对罗达、金尼、苏珊、路易斯、伯纳德和内维尔的精神世界了解得很多,但对他们的外表甚至说话方式却一无所知;这篇散文体小说不分章节。讽刺的是，伍尔夫人生最后十年的作品——《弗拉希》《岁月》《三个基尼金币》《罗杰·弗莱传》和《幕间》——扭转了这种局面。这些作品集中于现实的细节，比如《弗拉希》中温波街上的家庭细节，或者1911年罗杰·弗莱从土耳其返回英国时，坐在"东方快车号"列车上读书，身边堆满买来的诗集和围巾[1]。在这些作品中，伍尔夫把《海浪》所排除的东西又包括进去。

这部小说在一定程度上涉及的是时间话题，偏重共时性，而不是历时性。读者可以发现，内维尔认为"本来是按照意识中那不受限制的时间来进行思考的，那思绪转瞬之间就能从莎士比亚延伸到我们自己身上"。（W, 228）生活不像箭一样直飞云霄，而是会转弯，蜿蜒前行，不断重复，重新调整。生活是无序的，亦非有条不紊的。死亡会猝然而至干扰生活，就像珀西瓦尔在印度跌落马背摔死一样。然而，作为一部在写作方法和故事情节上都强调孤独的小说，"每当碰上一些我们没法参与分享的事情时，生活便会变得怎样黯淡无光"，这些话语实在令人惊讶。（W, 221）

这部小说，特别以伯纳德的长篇独白结尾，确立了

---

[1] 诗集的作者是弗朗西丝·康福德，这部《诗集》出版于1910年。伍尔夫在《罗杰·弗莱传》这一部分中还写道，弗莱在文学中发现了大量毒害人的形容词和隐喻，既然塞尚和毕加索已经用艺术指明了道路，作家现在应该"让之前的表达方式随风飘逝，照着艺术做"。参见弗吉尼亚·伍尔夫的《罗杰·弗莱传》第172页，（伦敦，1940年）。

"看破红尘"的观点,同时也承认,如果根本就不存在什么故事,"那么又怎么可能存在结尾或开端呢"?可能生活不容易受影响,"当我们试图讲述生活的时候,它也许根本就不愿意让我们这样来对待它",(W, 222, 223) 尽管伍尔夫的作品涉及一连串作家,从莎士比亚到拜伦、梅雷迪斯和陀思妥耶夫斯基。他们的出现,或者说至少是引用他们,对文学作品和伍尔夫早期作品中故事的影响力产生一定作用。

文中一个比较重要的典故是关于维吉尔(Virgil)的,他在伍尔夫的作品中反复出现,《雅各的房间》第十二章[1]开头,伊拉斯谟·考恩(Erasmus Cowan)独自品饮波特酒,随口吟诵着维吉尔和卡图卢斯(Catullus)。《到灯塔去》中,卡迈克尔先生读维吉尔的《农事诗》。《一间自己的房间》第三章也提到了这位古罗马诗人。《海浪》中,维吉尔和卡图卢斯成为内维尔思想的焦点。鉴于维吉尔在现代作家心目中的卓越地位,这并不奇怪,比如弗洛伊德就在《梦的解析》扉页上引用他的诗作为题词。

伍尔夫很难为她的小说找到一种形式。1927 年,她在评论维塔的《去德黑兰的旅客》时说:"流畅的叙述方法不可能是正确的;事件在一个人的脑海中不会就那样发生的。"(D, III, 126-7) 但是三年后,1930 年 12 月的一篇

---

[1] 原文可能有误,应为《雅各的房间》第三章。(译者注)

日记记录了一个（心理）整合的瞬间、一个重新创作故事的时刻，它发生在伍尔夫听贝多芬的一首四重奏的时候。在那一刻，她觉得可以"把所有插入的段落都融入伯纳德最后的讲话中，并用'啊！孤独'来结束。这样可以使他把所有场景整合到一起，不必再有停顿"。(D, III, 339)这也表明，小说努力追求的主题与一系列目标不是"海浪、个性和反抗"。(D, III, 339) 1930年8月，伍尔夫写道，这部小说把它自己分解成"一系列戏剧性的独白"，但关键是要让它们随着"海浪的节奏，进退自如"。(D, III, 312) 1930年8月，她对作曲家兼音乐家埃塞尔·史密斯解释说：

> 我是按韵律而不是按情节来写的……因此，尽管韵律对我来说比叙事更自然，但它完全违背了小说的传统，我一直在想办法为读者提供一些线索。(LETT, IV, 204)

在小说中，伯纳德证实了这个观点，他说："我是多么地不相信那些在半张信纸片上勾画出来的整洁利落的生活设计啊。"(W, 199)小说在前面还写道："韵律乃是写作中最主要的东西。"(W, 63)但是伍尔夫对其艺术效果并不确定，"因为这部分可能最终需要海浪的干预才能得出结论"。(D, III, 339)在这部小说中，"正常的标准全被取消"，(W, 97)只有大自然才能提供内聚力，而社会、历史或个人行为则不能。事物的次序被废除,赞成大自然和生命的韵律,尽管我们假想人生是"一种固体的物质,形状就像一个球体,我们可以将它捏在手里随意摆弄"。(W,210)

在这六个人物中,伯纳德最需要别人的陪伴。但像罗达和路易斯一样,内维尔也是背叛伯纳德的人之一,他仍然是个外人。他的理想化的完美主义植根于经典文学,这使他脱离了别人的轨道,但他与罗达一样深受美的影响:"那样倒算是光辉灿烂的一生,沉溺于对完美的追求,沿着那词句的曲折路径探寻下去。"(W,70)他希望成为一名诗人,但他的学者气质使他无法拥有诗人所必需的创造力。与之相比,伯纳德善于创造警句和讲述故事。他随身带着笔记本,记录自己的观后感和词句。在大学期间,他甚至有意识地把自己塑造成一个拜伦式的人物,"那种人总是随随便便地抛开自己的外套,抓起笔来"。(W,62)

"让这喧闹恢复秩序"看上去似乎是《海浪》的写作目标,但伍尔夫知道这是不可能的。(W,149)每一种景象"都是一幅阿拉伯式的图案,是灵机一动地描画出来说明人们亲密相处时的意外感和美妙奇趣的"。(W,178)最后伯纳德困惑地写道:"这绝不是一个单一的生命;而且我也并非总是知道我到底是个男人还是个女人,是伯纳德,还是内维尔、路易斯、苏珊、金尼,或者罗达——一个生命和另一个生命的彼此交融就是这样的不可思议。"(W,234)

但实质就在于此,伯纳德说:生活是要去过活的,不是去分析,或去适应强加给它的、人为的秩序。"保持内聚力"是不可能的,最后他无可奈何地哀叹:"海浪已经将我掀翻。"(W, 244)

随着她在这个时期的成功和社会地位的提高,伍尔夫和伦纳德又开始旅行。他们最奇怪的一次长途旅行是1935年4月自驾游历欧洲大陆,其中包括纳粹德国。这是一段令人不安的旅程,尤其是因为纽伦堡反犹太人法刚刚通过,这对伦纳德构成明显威胁(他在入境时用狨猴米茨分散了边防警卫的注意力)。希特勒日益强大的势力和对犹太人的迫害似乎并没有影响到伍尔夫和伦纳德,他们想亲眼见证德国正在发生的变化。不知不觉中,他们开车穿过波恩,那里正准备在全市范围内接待戈林,街道上挂满了反犹太主义的横幅。然而看到狨猴米茨时,人群欢呼起来,高喊:"希特勒万岁!"他们以欣赏的目光看着这对奇怪的英国夫妇在大街上开车通过,伍尔夫也举起手臂以示回应。

他们为什么首先去德国尚不清楚,然而伍尔夫的行为表明她对犹太人的看法自相矛盾,尽管她嫁给了伦纳德。《岁月》中有一个场景,萨拉·帕吉特住在便宜的出租屋里,对不得不和一个犹太男人共用一间浴室感到厌恶,担心他会弄脏浴缸。1937年,伍尔夫发表的短篇小说《公爵夫人与珠宝商》讲述了一个贫困潦倒的犹太男人成为伦敦最富有的珠宝商,反犹太主义的元素似乎充斥全文,它最

安吉莉卡·加内特（原姓：贝尔）和弗吉尼亚·伍尔夫，1932年

初没被美国杂志录用，但是稍做修改后，最终在《时尚芭莎》上发表。不过，伍尔夫偶尔会用半是自责的口吻承认自己也有反犹倾向。1930年8月，她对埃塞尔·史密斯坦承："我多么痛恨嫁给一个犹太人——我多么恨他们的鼻音、他们东方风格的珠宝、他们的鼻子和他们下巴上垂下来的肉——我真是个势利小人，就因为他们拥有旺盛的生命力，我想我最喜欢这种品质。"（LETT, IV, 195-6）

虽然欧洲正处于多事之秋，伍尔夫的人气却大涨。她的作品销量在增加：在它们出版的第一年，《雅各的房间》在英国售出1 413册，《达洛维夫人》售出2 236册，《到灯塔去》则更加成功，售出3 873册。《奥兰多》是个转折点，它在英国第一个月的销量超过了《到灯塔去》一年的销量，六个月内售出21 135册。《海浪》的销量平稳，但是她为伊丽莎白·巴蕾特·勃朗宁的狗写的传记《弗拉希》，重新点燃人们的兴趣。半年之内，它在英国卖掉18 739册，在美国卖掉14 081册。她在商业上最成功的书是1937年出版的《岁月》，前六个月就卖出43 909册——在英国卖掉13 005册，在美国卖掉30 904册。她很受欢迎，曼·雷（Man Ray）为其拍摄的照片登上了《时代》杂志的封面。在后来的几年里，情况发生逆转，《到灯塔去》的销量超过《达洛维夫人》，而后者的销量超过《奥兰多》《海浪》和《岁月》。

伦纳德·伍尔夫在《自传》第二卷中特别强调，虽然伍尔夫享有严肃小说家的声誉，并被广泛评论，但她不是一个受欢迎的作家。与她的其他作品相比，《奥兰多》《弗拉希》和《岁月》都"无比成功"。《岁月》确实是最成功的，但用伦纳德的话来说，却是"她写得最糟糕的书"。他补充说，《奥兰多》和《弗拉希》只能算妙语连珠而已。截至1928年，46岁的伍尔夫已经出版了五部小说，尽管享有盛名，但她无法靠自己的收入过活。剑桥大学评论家

F. R. 利维斯的妻子奎妮·利维斯（Queenie Leavis）称其小说为"高雅艺术"，这与阿诺德·贝内特1929年11月28日在《伦敦标准晚报》上发表文章称伍尔夫为"高雅女王"如出一辙。尽管《到灯塔去》有那么多优点，它却不是一本受欢迎的书。伍尔夫的读者虽然值得尊敬，但为数不多。

7 蒙克屋 I
1919—1937 年

伍尔夫夫妇在 1919 年以 700 英镑的价格买下蒙克屋,并一直拥有到 1969 年,在经济条件允许的情况下,伍尔夫夫妇不断地对其进行改造。蒙克屋位于田园牧歌般的东苏塞克斯,其开放式花园一直延伸到房子后面的南唐斯丘陵地带,屋前面是洛德梅尔村的一条狭窄街道,这座住宅和风景如画的周边环境为失去亲人、身陷痛苦的伍尔夫提供了必要的喘息空间。但如何利用它却是个挑战:厨房又湿又暗;没有电、煤气,也没有自来水;没有盥洗室,花园里只有一个旱厕。水要用泵抽上来,再提进屋子。而 1920 年才安装的炉子,每天都得生火,并且收集到柴火才能使用,即使准备烧一杯茶也要这么做。在安装炉子之前,伍尔夫家用的是戴德曼夫人家的灶,戴德曼夫人是村里教堂司事的妻子。她的丈夫威廉是蒙克屋最初的花匠。戴德曼夫人经常送来炖肉和浓汤。伍尔夫家还雇了一个乡村姑娘做"日间女佣",她每天来打扫卫生,顶替他们在伦敦的厨师兼仆人奈莉·波克索尔(Nellie Boxall),后者为人可靠但令人厌烦。

雨水偶尔会淹没厨房地板,泥浆有时会从门口渗进来;甚至连声音都压不住,未铺地毯的橡木地板把脚步声都放大了。伦纳德和伍尔夫在厨房里装上帘子洗澡。刚开始,他们共同住在楼上的一间大卧室里(各睡各的单人床),但一个仆人走后,伦纳德搬进了楼梯口对面两个小房间中的一个。伍尔夫不喜欢仆人住家里,她渐渐尝试只用一个仆人来管家,尽管偶尔会从村里找人来帮忙,而他们在这个村里拥有两间小农舍。他们家不拘礼节,晚餐时没人会盛装打扮,伍尔夫经常写信对朋友说,来她家里住不要带正装。尽管如此,吃饭时还是会摇铃,虽然没有铺桌布。

但是1919年,伍尔夫夫妇也面临着一些财务上的挑战:伦纳德在《国际评论》的工作终止,迫使他们考虑减少家中的雇员。当霍加斯宅包括相邻的苏菲德宅的租约到期后,他们用一部分资金买下这两处房产,并将苏菲德宅出租了一年。他们之前早已买下蒙克屋。1924年,他们从霍加斯宅搬到伦敦的塔维斯托克广场后,就把老房子出租了三年。他们是地主,当他们在洛德梅尔买下两间村舍后,更是名副其实。其中一间在1928年给伦纳德的园丁住,一年之后,另一间给妮·汤普塞特住,她是新雇的仆人,每天都来,但令伍尔夫夫妇高兴的是,她在三点前就离开了,这样一天剩下的时间里就只有他们俩,这是英国家佣制度的实践创新。

蒙克屋有一个鲜明的特色,即花园是伦纳德的领地。他种植蔬菜,大量的温室和植物能让他想起锡兰。他花钱买了一扇新橡木大门,为了铺房子前面的小路,还买了不少新的燧石。1928年,伍尔夫夫妇买下邻近的一块地,把花园扩大了一英亩,并筑起一道篱笆,以防当地孩子进入。伍尔夫不安地说,那是"我作为地主的第一次行动"。规模最大时,蒙克屋和庭院加起来面积达6.5英亩。(D,III: 193-4,184,n.4)

1931年,伍尔夫夫妇增加了一个车库,印证了汽车是他们俩的共同爱好,汽车为他们出行、旅游和冒险提供了便利。然而早在1924年,伍尔夫就发表过一篇批评汽车的专栏文章。那篇文章题为《廉价汽车》,它批评汽车是如何破坏乡村的,因为碎石取代了砂粒、汽车取代了人力和马匹;尤其是骑自行车的人觉得不安全。伍尔夫在文中反对汽车日益增长的支配地位,但是1927年夏天,她和伦纳德也成为这项新运动中的一员,购买了他们家两辆辛格汽车中的第一辆,这个牌子的汽车相对物美价廉。

1927年7月,就在第一辆辛格汽车到达的前几天,因为期盼新车到来,伍尔夫感觉快要眩晕了。正如第六章所提到过的,《到灯塔去》的预售使购买汽车成为可能:"这对我们的生活来说是一个很好的开端。你可以去博迪亚姆城堡(Bodiam),去阿伦德尔(Arundel),去探索奇切斯特的丘陵地带,把那令人好奇的、印在脑海中的世界地图展开。"她还说道："我想它能消除孤独。"（D, III, 147）讽刺的是，伦纳德和伍尔夫都不会开车，但是他们立马开始学。他们的第二辆辛格汽车购于1929年2月，那是一款早期的敞篷车，带有一个链式滑动车顶。他们的藏书室现在又收录了乔治·莫兰（George Morland）的《无烦恼驾驶汽车》《私家车驾驶入门教程》和约翰·普里奥洛（John Prioleau）的《汽车与乡村：通往公路的周末路标》。伍尔夫向维塔·萨克维尔-韦斯特和T. S. 艾略特倾诉她的激动心情，他俩也是汽车爱好者。

第一辆辛格汽车可能是辛格14/34，随后他们在1929年又买了一辆辛格阳光轿车。到1932年，伍尔夫夫妇改换了一辆兰彻斯特18，这是一辆豪华轿车，价格至少是辛格汽车的两倍。他们在参观完1932年伦敦奥林匹亚车展后，同年晚些时候购买了这辆带有先进"流体飞轮"变速箱的银绿色六缸兰彻斯特（1933年1月交付）。它在转速3 800时制动马力最高达到58，测试最高速度为每小时71英里（114公里/小时）。伍尔夫在日记中写道，自己对这辆车倍感骄傲和激动，它有一种隐含的文化意味，与克拉丽莎·达洛维在邦德大街买花时听到和看到汽车相呼应。那辆汽车载着神秘客人，似乎朝着白金汉宫驶去，但有个轮胎爆了，被迫停到路边。伍尔夫在写《达洛维夫人》时其实没有汽车，等她买了兰彻斯特汽车后，她可以写道，在开车的时候，"我觉得自己是那么富有、保守、爱国、虔诚又谎话连篇……我非常享受做这个全新的弗吉尼亚"。(LETT, 5, 154) 这辆车配有可折叠的挡风玻璃和天窗。

蒙克屋成为伍尔夫夫妇的避难所,随着时间的流逝,这一点越来越明显。当死亡开始围绕着他们时,逃到宁静而与世隔绝的蒙克屋就变得至关重要了。但在查尔斯顿也有很多社交活动,瓦妮莎和克莱夫·贝尔、邓肯·格兰特住在附近,还有提尔顿,那是靠近查尔斯顿的农舍,凯恩斯夫妇住在那里。这三个地方经常举行聚会,通常也会邀请用人,气氛往往都很好。1928年8月一次拜访E. M. 福斯特后,伍尔夫在日记中写道:他"害羞、敏感,但魅力无限"。不过,他们都喝得酩酊大醉,"激动地谈论鸡奸和女同性恋"。(D, III, 193)

在《海浪》出版后的一段时间里,有更多亲密朋友接二连三去世,从1932年的利顿·斯特雷奇开始,他的长期伴侣多拉·卡林顿在伍尔夫探望她的次日自杀。伍尔夫强烈地预感到会失去斯特雷奇,在他去世当天,尽管她还没有得到消息,但她写道:"没了利顿,好像未来的世界永远变得支离破碎。"(D, IV, 64) 利顿死后两年,罗杰·弗莱去世,同年过世的还有乔治·达克沃思。这些人的逝世,包括1930年的D. H. 劳伦斯、1932年的G. L. 迪金森和1933年的约翰·高尔斯华绥的离去,标志着布卢姆斯伯里团体这一代人的凋零,这在一定程度上解释了伍尔夫越来越转向写自传体散文的原因。

利顿·斯特雷奇、弗吉尼亚·伍尔夫与大卫·塞西尔勋爵,奥托琳·莫雷尔夫人拍摄于1923年6月

伍尔夫对自传体散文的写作兴趣早在1906年写《莱斯利·斯蒂芬爵士印象观》就开始了。在那篇早年作品中,弗吉尼亚·斯蒂芬通过描述父亲的阅读习惯,把自己塑造成父亲在文学事业上的传承人。1932年,她怀着赞赏的心情写下一篇文章,简简单单取名为《莱斯利·斯蒂芬》,描述了两人的父女情深,却很少谈及他们之间的矛盾关系,这种矛盾关系夹杂着批评和崇拜。最重要的是,在她生前,她所有的自传体作品都没有出版,因为这些作品要么是被人说起的,要么是私下流传的[1]。然而,在这期间,她还

---

[1] 《存在的瞬间》(1976年版,1985年版)收录了一批最重要的此类作品:《回忆录》《回忆随笔》,以及为回忆俱乐部撰写的三篇文章——《海德公园门22号》《老布卢姆斯伯里》和《我是势利之徒吗?》。参见《存在的瞬间:未出版的自传》,珍妮·舒尔坎德编(苏塞克斯,1976年)及《存在的瞬间》第二版,珍妮·舒尔坎德编(加利福尼亚州圣地亚哥,1985年)。

开始写一部家庭题材的长篇小说《岁月》，这也许是对她自己家庭观念的一声哀叹。

这部小说起初叫《帕吉特一家》，伍尔夫是在1932年10月开始创作的，它很快变成一种对她的折磨，直到1937年3月出版。它的结构和对历史的处理是最大的挑战，它的创作灵感来源于一篇日记，那篇日记是在1931年1月伍尔夫去伦敦在全国妇女服务协会演讲的前一天写就的。在日记中，她突然想到写《一间自己的房间》的续篇，这本书将是关于女性生活的。该书被称为"女性的告白"，（D，IV，6）她在日记里草拟了一个标题：《此时此地》。1932年12月，她又在日记里补充说，这部新小说叫"《帕吉特一家》"，它是"《奥兰多》的表亲，虽然是亲骨肉"。（D，IV，133）想起这部新作，她写道："释放出这么多我自己都不知道的内心情感……当然这是外在的，但是外部效应，超出我的想象。"（D，IV，133）她希望将它和一本"诗人的书"结合起来，这是一本与现实世界相匹配的作品。与此同时，维塔创作了一部题为《家族史》的小说，于1932年10月由霍加斯出版社出版，这可能刺激到伍尔夫想写《岁月》吧。

伍尔夫的目标宏大高远却又遥不可及。她写道：

> 这本书将集讽刺、喜剧、诗歌、小说于一体，该用什么形式把它们捏在一起？我是否该纳入戏剧、书信或几首诗歌？

> 我想我开始抓住了整体。在此书的结尾,日常生活的压力将继续存在,它不是说教,应该包容数不胜数的观点——历史、政治、女性运动、艺术、文学——总之,它将囊括我认识和感受到的,鄙视和嘲笑的,喜爱与推崇的,以及憎恨等所有方面。(D, IV, 152)

最后,伍尔夫意识到它必须分成两本独立的书:一本是小说,另一本是政治题材的作品。因此,第一本成为《岁月》,第二本成为谴责军国主义父权制的《三个基尼金币》。接下来的大约十八个月时间里,伍尔夫读了大量的书,准备写一本关于妇女和家庭生活的书(《岁月》),还想对父权制进行批判(《三个基尼金币》)。后来,她说这两本书构成了一部书。一份名为《帕吉特一家,一篇散文体小说》的原稿,试图将小说中一些虚构的片断与随笔中对真实事件的评论交替使用,但这番尝试并不成功。在此期间她还在创作《弗拉希》,这是一部关于伊丽莎白·巴蕾特·布朗宁的宠物狗的传记,它是一种解脱或者说至少是她正在构建的家族史长篇小说的替代品。《岁月》成为继《夜与日》之后篇幅长度排第二的小说。

1933年1月,伍尔夫想象"这部作品将按一种奇特的、不规则的时间顺序写,一系列冗长的对话则用平直而严密的叙述段落来衔接"。(D, IV, 142)同年2月,她的想象力进一步扩展,在一部更野心勃勃的作品中,试图将

评论部分直接并入文本。她在日记中写道:

> 我想把当今社会完整地呈现出来——一点也不少地:既有事实,也有想象。而且把两者结合起来。我的意思是,将《海浪》与《夜与日》这两部作品合二为一……它应该以无限的广度和强度作为目标。(D, IV, 151 - 152)

伍尔夫最终删除了那些社会评论——留到《三个基尼金币》中再写——并且削减了小说中几个更具政治色彩的人物的叙事权威,尤其是反战的女权主义者莎拉和同性恋

弗吉尼亚·伍尔夫在蒙克屋,1935 年

乌托邦主义者尼古拉斯。1933年2月,她写道,她会删去中间的一些章节,因为它们的宣传意味可能太浓了。在整部小说中,她强调与体制(政府、军队、警察、大学和家庭)冲突的各种角色。她还在小说中塞入各种各样的物品,比如说"1907年"一章中,当街灯的一缕光线从气窗投射进来,十分任性地照亮了"大厅桌子上的一盘玻璃杯,一顶大礼帽和一把带有镀金腿的椅子。椅子……摆出一副威仪的样子,仿佛它站在某个意大利式前厅的裂了缝的地板上"。(Y, 126)

1936年3月,她又写了一篇日记,概述在她工作期间不断发生的个人风险和所受到的战争威胁:

> 这是我们所经历过的最焦虑不安、疲惫不堪的政治周。希特勒的军队驻扎在莱茵河上。在伦敦召开会议……像往常一样,我想这事会过去的。但奇怪的是,枪炮再次离我们的私人生活那么近。我能清楚地看见它们,还能听到轰鸣声,但我继续像一只在劫难逃的老鼠,一点一点地啃着我的报纸。(D, V, 17)

那年春天,她还遭受着抑郁症和疾病的折磨,她在日记中写道:"自1913年以来,我感觉从没有离悬崖这么近过。"(D, V, 24)

个人自我与外部世界之间的冲突造成一种紧张,这是伍尔夫20世纪30年代所有作品所面对的问题。霍加斯出版社发表了一系列公开文章《霍加斯书信》（1933年）来回应时代的冲突，它是对1931年工党政府垮台、纳粹主义和反犹太主义的崛起以及即将到来的战争威胁的反应。伍尔夫的《致青年诗人的一封信》就是其中一篇，它包含艺术与宣传之间的含蓄辩论，这是她在1940年的随笔《斜塔》中所重申的。1936年12月，她在《工人日报》上发表了一篇题为《为什么现今艺术追随政治》的文章，哀叹艺术家无法逃避政治。然而，她也对艺术家的行为价值产生质疑，她在给斯蒂芬·斯彭德的信中写道："我认为行为通常是不真实的。我们暗中做的事情才更真实。"（LETT，VI, 122）

《岁月》是她生前出版的最后一部小说，它的内容诠释了小说的标题。它的第一章是1880年，随后是1891年，然后是1907年、1908年、1910年、1911年、1914年等等，直到最长的一章简单地称为"现在"，总计十一章。每章开头先对政治、社会甚至自然环境进行全景式概述，然后才关注人物的个体意识。每一章都涵盖一天的内容，第一章除外，它至少涉及三天。这部小说时间跨度长达五十年，成为她最畅销的作品，二战期间甚至出现了美国军方印制并分发给士兵的《岁月》版本。

小说主要是关于帕吉特一家的生活记事，它囊括了伍尔夫感兴趣的当代话题：从家庭到大学教育、政治（尤其是妇女参政论者)、印度、音乐、婚姻、战争和人民。这部小说结尾的处理与《达洛维夫人》一模一样,它在最后一章以迪莉娅·帕吉特举办一场晚宴结束。这是一个家庭成员面对彼此、不同程度接受对方的场景。诺思·帕吉特读到卡图卢斯的诗后,对他姐姐佩吉变得宽容,佩吉经常批评他写作这件事,而那句诗减轻了由此产生的挫败感。(Y,374)诺思在非洲经营农场多年后回到伦敦,感到万般沮丧,他认为伦敦人都爱谈论金钱与政治。(Y,380)小说结尾时,黎明到来,宴会散场,太阳升起来了,房屋上方的天空"呈现出一派极其优美、纯朴、恬静的景象",考虑到伍尔夫创作该小说过程中所付出的辛苦,此场景有点讽刺意味,尽管这也可能反映出她在最终完成该作品后获得解脱,因为她强烈地感到它是一部失败的作品。(Y,413)

虽然《岁月》提供了1890年至1937年间英国社会和政治的全景对话,但它更倾向于粉饰历史。事实上,"parget"意思是涂抹或洗白,它可能是这个姓氏的起源。伍尔夫努力将事实与愿景结合起来,使此书摆脱贝内特、高尔斯华绥或威尔斯等作家作品中那种现实主义的局限。她在1933年一篇关于屠格涅夫的文章中强调,他"必须公正地观察事实,但也必须解释事实……很少有人能将事实和愿景结合起来",他显然成功了。

《岁月》可读性强,内容详尽,叙述到位,具有历史意义,它在英国和美国都算畅销书。从读者的角度来看,这部小说结构要求不高,尽管对伍尔夫个人来说,此书具有挑战性,也很难写。它的出版是一件大事,尤其是在美国,曼·雷把她的照片刊登在 1937 年 4 月的《时代》杂志封面上。《岁月》很快就登上了畅销书排行榜,按照《出版商周刊》1937 年的畅销书排行榜(年度杰出文学成就),它在当年最受欢迎的书中排名第六。排名第一的是玛格丽特·米切尔的《飘》,排名第八的是约翰·斯坦贝克的《人鼠之间》。

《岁月》中提到的历史事件,从 1880 年的大选到帕内尔和爱德华七世的逝世、第一次世界大战期间伦敦遭空袭以及爱尔兰自由邦的成立。它们使读者,尤其是美国读者,对英国近代史上的重大事件有了生动的认识,而提到印度和非洲则显现了跨国主义的元素。看似支离破碎的叙事章节反映了断裂的时代。《岁月》缺少伍尔夫其他作品具有的那种实验性,用伍尔夫的话说,"它更加'真实',也比其他作品更加有血有肉"。(D, V, 38) 正如《纽约时报》评论员所言,它摆脱了《雅各的房间》的不连贯性和《海浪》的前卫叙事结构。《岁月》提供了真实可靠的场所和人物,而这一家人在历经五十年的失败、挫折、小小的成就和疑惑之后,仍然满怀期待地生活着。评论者写道,它"丰富多彩,诗情画意",更像是一首诗或一段乐曲,有"完美的开头和结尾,几乎没有中间"。

8 蒙克屋 II

1938—1941 年

到20世纪30年代末,蒙克屋不再是一个宁静的避风港,而是充斥着怨气。她曾在日记中写道,五月的树"像外面的一道碎浪;还有花园里绿色的林荫道,大片大片的绿"。(D, IV, 109)无论是果园的围墙,还是在伍尔夫不快乐、精神崩溃的那段时期,即便不是精神边界,新的物质边界也出现了。正如她早些时候在1921年日记中透露的那样:"待在这里(蒙克屋),我就像被拴在岩石上:什么也不能做;注定要遭受烦恼、怨恨、恼怒和困扰的折磨,一次又一次。"(D, II, 132)在伍尔夫的晚年,尽管伦纳德努力让她的生活安定下来,但当她与日益恶化的精神状态和政治黑暗作斗争时,这段文字中描写的抑郁、绝望和死亡以复仇的姿态卷土重来。

这一时期,伍尔夫面对的是亲朋好友接二连三离世的噩耗,而不是迎来新的朋友。伍尔夫的外甥朱利安·贝尔1937年死在西班牙内战的战场上。奥托琳·莫雷尔夫人在

1938年4月去世；叶芝、弗洛伊德和福特·马多克斯·福特先后于1939年离世。在她1941年3月自杀前两个月，伍尔夫获悉詹姆斯·乔伊斯过世。(D, V, 352) 她的挚友们，同时也是一群20世纪20年代现代主义先锋派艺术的倡导者，正在逝去。尽管1939年8月在查尔斯顿举办了最后一次夏日聚会，但迫在眉睫的第二次世界大战使她的精神状态进一步恶化。

之前有件事还挺快乐的，那就是1923年伍尔夫以她的姨妈、摄影师朱莉娅·玛格丽特·卡梅伦为原型创作了剧本《淡水》。早在1919年1月30日，她就想写一部关于朱莉娅的戏剧，这个故事以查尔斯·海·卡梅伦开头，他十二年来从没有走出过自家花园，然后突然有一天来到海边。他和他的摄影师妻子决定"带着他们的棺材"坐船去锡兰（在剧本中，是印度）。她最后一次见到朱莉娅姨妈是在船上，她把亨利·泰勒爵士和圣母玛利亚的巨幅照片交给搬运工，"身上没有零钱"。(D, I, 237)

1935年1月伍尔夫53岁生日前一周，《淡水》在菲茨罗伊街8号的瓦妮莎画室演出，改写后的《淡水》（具有《奥兰多》风格）含有家庭笑话、双性恋段子，甚至还有丁尼生的出场。瓦妮莎扮演朱莉娅·卡梅伦，伦纳德扮演她的丈夫查尔斯，伍尔夫的16岁外甥女安吉莉卡扮演艾伦·莱里。朱利安扮演英俊的海军军官约翰·克雷格，与（安吉莉卡扮演的）艾伦私奔了。在场有八十位观众，包括伊丽莎白·鲍恩、大卫·塞西尔、大卫·加内特和克莱夫·贝尔。

但此时伍尔夫陷入各种矛盾之中,首先是伦纳德,她开始觉得他头脑僵化、做事死板。反过来,他也与她争吵,因为她还在抽烟,尽管她已经努力戒烟了。他还对她喜欢为娘家人而不是为他们两人安排假期感到恼火。伦敦图书馆也让她很不高兴,因为他们拒绝改变不允许女性成为会员的规章制度,她父亲莱斯利·斯蒂芬爵士以前支持这一惯例,这也是两人之间的另一个冲突点。对女性的排斥再次摆在她面前,她很生气。

她还担心自己的作品会被文学史遗忘或冷落。温德姆·路易斯在《没有艺术的人》(1934 年)中指出,没人再把伍尔夫当回事了。1932 年,威妮弗雷德·霍尔特比(Winifred Holtby)发表了第一本关于伍尔夫的研究专著,得出结论说伍尔夫的创作范围"仍然有限,她与生活的接触很微妙",她不会吸引广大读者。对现代主义的强烈反对很快以对其进行经典化和僵化的形式出现。早在 1931 年,哈罗德·尼科尔森就在英国广播公司(BBC)的无线电广播中称,伍尔夫、乔伊斯、艾略特、劳伦斯和伊夫林·沃为战后时期的"现代"作家,伍尔夫很生气,因为这句话暗示她"过气了"。甚至连《弗拉希》也遇到了阻力,批评人士认为,伍尔夫越来越不喜欢以她的写作技巧作为探索现实的方法,而更喜欢用这种方法来尝试和创造她自己的现实。由此对自己的处境产生的焦虑影响到她的后期作品,她早期就对别人对其作品的评价很敏感,现在这种敏感程度扩大了。在她人生的最后十年里,转向社会和政治评论是她回击这些批评的一种方式。向男性至上的文学文化价值观发起挑战,以及在政治立场上显现出的摇摆不定,是她采取的另一种回应形式。

《三个基尼金币》从一开始就存在争议。Q. D. 利维斯再次批评伍尔夫,公开反对它,她在1938年的一篇评论中声称这本书"真的不值得评论",因为它只是伍尔夫和她的社会阶层之间的一次对话,男人们被局限为只能"在威斯敏斯特"发挥作用,而女人们只会购物。利维斯说伍尔夫太太不是生活在当代世界的。事实上,她所在的阶级只是成功地让她与世隔绝,尽管伍尔夫从中受益。考虑到伍尔夫的优势,抱怨妇女权利着实可笑。此外,她写道:"这本书不只是愚蠢和无知,尽管它也是,但它包含某些危险的设想、荒谬的主张和令人恶心的看法。"[1] 用"女性的不合理"作为武器几乎算不上什么论据,利维斯刻薄地写道,这种影响"就像没有纳粹信念的纳粹辩证法"。伍尔夫似乎想让她那个阶级的女人"拥有没有义务和责任的女性特权"。利维斯补充说,这本书中那些权贵打扮的男人照片是

---

[1] Q. D. 利维斯的《英联邦的可怜虫联合起来!》,参见《细查》(1938年9月)第204页。全文详见第203至214页。随后,在第208页,利维斯抱怨道:伍尔夫最"擅长用纳粹般专断的方式颠覆批评的基础与主干"。在这篇评论的最后,她建议伍尔夫应该为男女同校和改变社会结构而战斗,让所有男人们的女儿都能进入适合她们的最高学府学习(第213页)。她还补充说,这本书的基调糟糕透了。

"恶意挑选出来的",一组同样打扮的女人无疑是编出来的。这些照片很失败。[1]

维塔也同样感到不安,她告诉伍尔夫,其书提出了不大诚实的"误导性论点"。伍尔夫愤然回应,要求维塔解释清楚,她的言下之意是她用不诚实的方式整理事实材料以达到某种效果吗?伍尔夫说这是一本无比诚实的书,她告诉维塔,她"煞费苦心地收集事实材料,并坦率地将其予以陈述,这是我一生中做过的前所未有之事"。但是敌意仍然存在,伍尔夫告诉维塔,她无法毫无成见地去读维塔的新诗《独居》,"当你指控我的时候……仍然查无实据"。随之而来的是无数次争论,直到伍尔夫觉得自己没有被指责为不诚实。

《三个基尼金币》中讲到的那些照片——利维斯没有提到的照片——实际上并不存在:那些在西班牙内战中被杀害的身份不明的平民,文中有所描写但没附照片。[2] 它们的作用是记录创伤,这与弗洛伊德的观点相呼应,弗洛伊德运用相机的比喻来解释潜意识,即创伤记忆片段一直被

---

[1] 对这五张照片的评论如过江之鲫,艾琳娜·瓜尔蒂耶里说,这些刊登的照片的内容、风格和构图与伍尔夫剪贴簿中发现的图样非常相似,那是她在1931年至1937年间为准备写《三个基尼金币》而收集的素材。参见瓜尔蒂耶里的《〈三个基尼金币〉和照片:宣传艺术》,载于《1930年代女性作家:性别、政治和历史》第166页,马鲁拉·乔阿诺福(爱丁堡,1999年)。
[2] 埃米莉·达尔加诺解释(或辩护)说,之所以没有照片,是因为伍尔夫确认"西班牙的审查制度和英国的文化习俗不允许刊登她所参考的那些死者的照片"。确切地讲,伍尔夫利用照片的概念,将其作为一个虚无的标志。参见达尔加诺的《弗吉尼亚·伍尔夫与可见世界》第157页(剑桥,2001年)。达尔加诺在该书第163页还提供了一份1936年11月11日法国《人道报》头版的影印件,上面赫然刊登着一张死去的西班牙孩子的照片。

捕捉，直到问题解决。创伤性事件的照片不能理解为捕捉过去的时间，而是访问时间和事件，它们是独特的、爆炸性的，但尚未纳入意识。它们是灵魂的表现，就像那些死者的照片对伍尔夫来说一样。这些照片不是一种叙述，而是创伤本身的体现，时间是一次毁灭性的经历大爆炸。这些照片捕捉到的"未经历的事件"与创伤性记忆的结构相似。事件之所以能让人们记住并引发想象，正是因为它并

弗吉尼亚·伍尔夫在嘉辛顿花园，奥托琳·莫雷尔拍摄于1926年6月

没有被经历过,而是在后来的照片中被看到了。在这些情况下,"看见"是"不知道"的一种形式。

埃米莉·达尔加诺(Emily Dalgarno)在《弗吉尼亚·伍尔夫与可见世界》(2001年)中指出,伍尔夫是如何依赖西班牙内战照片的视觉文本性,质疑父权社会与战争之间的历史联系。弊端显而易见,这是伍尔夫试图通过联想来破坏的东西,她问道,"我们能不能把它们(战争照片)与卖淫文化和知识分子奴化联系起来",从而"清楚地表明一个意味着另一个"?当她在为《三个基尼金币》准备的笔记本中记录下英国父权制的暴行时,这些照片开阔了她的视野,将她的问题(如何防止战争?)与欧洲文化的背

蒙克屋花园写作间里弗吉尼亚·伍尔夫的书桌

景联系起来。

《三个基尼金币》中书信形式的使用，突出了一种与伍尔夫死去的外甥朱利安·贝尔持续对话的感觉，而利用这些照片则面临着艺术和道德问题——将这些惨烈的影像用于宣传所引发。但是，避免出现在《工人日报》上的耸人听闻的影像，是男权的替代影像，同时也暗示了暴力和男权之间的联系。不发表西班牙内战的图片，可让伍尔夫把它们变成战争罪恶的一个普遍例证，这甚至会获得更广泛的认可，因为它们是虚构的（即只存在于一般化的描述语言）。没有对伤口或残肢的渲染，因此它们成为一场程式化的战争的隐喻。

影像是集体记忆的载体。它们是保存过去知识的首选方式，伍尔夫从她最早发表的关于摄影的文章中本能地理解了这一点，她在1926年霍加斯出版社出版的《维多利亚时期名人和美女的照片》中，对朱莉娅·玛格丽特·卡梅伦予以评论。伍尔夫从小到大一直致力于摄影和评论。她在日记、书信和随笔中都谈到摄影问题，在小说中也使用摄影术语。在与伦纳德结婚之前和婚姻存续期间，她拍摄、冲洗并将照片保存在一系列相册里。在伍尔夫1897年那年第一次办的杂志上，有二十多篇文章提到了摄影。1904年，当她和兄弟姐妹们第一次搬到布卢姆斯伯里时，摄影已经成为她生活中不可或缺的一部分[1]。第二年,她恳求维奥莱特·迪金森在美国之旅时购买照片。尽管从 1895 年起,每年都有新款袖珍柯达相机上市,其中很多伍尔夫都买过,而 1931 年伦纳德在"极度冲动"下购买了一台更贵的蔡司相机,她对埃塞尔·史密斯说,这事让她激动万分。

伍尔夫经常与朋友和家人交换照片,他们都是精力充沛的业余摄影师。奥托琳·莫雷尔夫人、维塔·萨克维尔-韦斯特和多拉·卡林顿都与伍尔夫互换过照片。结婚前她送给伦纳德两张照片,以防他不喜欢她第一次选的那张,她觉得第一张照片拍得太高贵了。结婚后,她和伦纳德都极其热爱摄影,伦纳德在日记中经常记下摄影用品的开支。伦纳德不仅为弗吉尼亚拍照,还给弗吉尼亚和维塔拍合影。

她经常让朋友给她寄照片,那些已故朋友的照片尤其重要,例如,她向法国画家雅克·拉维拉特的遗孀要了雅克的一张快照,雅克于 1924 年去世。伍尔夫甚至用照片来诱惑维塔·萨克维尔-韦斯特。1924 年她写信给维塔,让她去看其姨妈给丁尼生和其他人拍的照片。1927 年底,伍

---

[1] 弗吉尼亚·伍尔夫的《三个基尼金币》,参见《一间自己的房间与三个基尼金币》第 363 页,莫拉格·希亚克编(牛津,1998 年)。另见,玛吉·胡姆的《电影与摄影》,参见《弗吉尼亚·伍尔夫的背景》第 295 至 296 页,布里奥尼·兰德尔、简·戈德曼主编(剑桥,2012 年)。胡姆的这篇论文概述了她在自己的专著《女性现代主义者与视觉文化:弗吉尼亚·伍尔夫,瓦妮莎·贝尔,摄影和电影》(新泽西州新不伦瑞克,2003 年)中有关伍尔夫和摄影的论述。胡姆在文中提到:摄影,"特别是柯达照相机的大量销售……可以说,对整个现代视觉意识的改变做出了最伟大的贡献"(第 296 页)。还可参见胡姆的另一本著作《布卢姆斯伯里快照:弗吉尼亚·伍尔夫和瓦妮莎·贝尔的私生活》(新泽西州新不伦瑞克,2005 年)。

尔夫为了《奥兰多》，安排给维塔拍照。她还用照片来帮助自己写作。1931 年，伍尔夫向维塔要了哈罗德·尼科尔森的可卡犬亨利，它成为伍尔夫同名作品中伊丽莎白·巴雷特·布朗宁的宠物狗弗拉希的现实原型。伍尔夫的摄影集《蒙克屋》，反映了她在摄影上的类似投入。

伍尔夫在小说的描写性段落中也使用摄影术语。她在《弗拉希》《三个基尼金币》和《奥兰多》中对照片的使用与她在小说中对摄影的大量引用如出一辙，比如在《雅各的房间》《夜与日》中，甚至在《到灯塔去》的色调上，都有朱莉娅·玛格丽特·卡梅伦的影子。她的短篇小说《肖像》使用特定的摄影词汇，而她的照片剪贴簿实际上成为《三个基尼金币》的图像素材库。在伍尔夫的早期作品《夜与日》中，人们在家里摆放的照片表现出他们的性格。在《岁月》的结尾，当埃莉诺在报纸上看到一个无名暴君的照片有可能是墨索里尼时，她愤怒地将它撕碎。

尽管伍尔夫对摄影很感兴趣，但她不喜欢被专业人士拍摄，虽然她的照片曾出现在《时尚》《时尚芭莎》《时代》及国内媒体上。她还反对"狗仔队"：他们对私人、作家、艺术家及其住宅、花园、工作室、卧室、写字台进行无情地拍摄。(LETT, V, 238) 侵犯隐私对她来说是难以忍受的。她拒绝让塞西尔·比顿给她拍照，对自己的照片出现在他的影集里火冒三丈，她写道，她从未被邀请，从未坐在镜头前，"也从未见到那可怕的虫子"，但"我却永远被利用了"。(LETT, IV, 258) 1939年, 伍尔夫应吉赛尔·弗罗因德之邀坐在相机前, 在她看来, 就像是"被吊在一根棍子上, 供人围观", 吉赛尔·弗罗因德曾给詹姆斯·乔伊斯、瓦尔特·本雅明[1](Walter Benjamin) 和西尔维娅·比奇拍过照片。(LETT, VI, 351)

不可避免的创伤对视觉的冲击在《三个基尼金币》中显而易见, 尽管它的表现在视觉上是局限的。在西班牙内战中那些受伤的和被杀死的人的照片被推广而又反复出现, 让伍尔夫既参与又摆脱了它的恐怖, 她明白这是一种持久的战争经历。死亡和毁灭的创伤并没有消失, 这当然反映在她个人生活中不断遭遇的创伤上。这些照片反复提醒她直接经历的危机和失去至爱之人的那些瞬间, 支持她讲述生活中经常被压抑的、在书中被威严的英国权贵冷嘲热讽的创伤。西班牙的创伤, 尤其是她外甥的死亡, 预示着第二次世界大战的创伤和英国可能会毁灭, 这加速了她的绝望感, 最终导致她自杀。然而, 伍尔夫治愈创伤的方法是写作, 她在《回忆随笔》中写道: "只有把创伤用文字表达出来, 我才能使它完整。""于我而言, 感到震惊的话我会立刻产生解释的欲望。"这个过程得以将创伤重新整合到个人的生命历程中。

《三个基尼金币》中的照片起到实证作用, 尽管伍尔夫

---

[1] 瓦尔特·本雅明 (1892—1940), 德国犹太裔学者、作家、哲学家。代表作有《发达资本主义时代的抒情诗人》《单向街》等。(译者注)

知道它们歪曲和限制了人们对事件的看法。在整部作品中，她自信满满地批评摄影，最后对一张（穿制服的男人）照片提出进一步批评。她还谈到个人和公众的恐惧，并在结尾清晰地展示了她通过分析和使用照片获得的一种新发现的确定性。面对她的谈话对象，她写道，"当我们倾听过去的声音时，我们似乎又在看照片，看西班牙政府几乎每周发给我们的尸体和被毁房屋的照片"，但有了新的认识。她强调历史会重演："今天的画面和声音与两千年前的一模一样。"伍尔夫承认摄影既能补救，也能破坏。

埃塞尔·史密斯在谈到《三个基尼金币》时说："你的书太棒了，让我热血沸腾。"史密斯说出了很多人的心声。伍尔夫自己为完成这本书的校样而激动不已——这使她得到解脱，因为她全身心投入，她"什么都不怕。我能做任何我喜欢的事。不再出名，不再受人尊敬……永远靠一己之力。这就是我的感觉：一种像穿上拖鞋一样的松弛感"。不过，她觉得这不是一本好书，"只会引发淡淡的嘲笑"。(D, V, 136-7)

在创作《三个基尼金币》和《罗杰·弗莱传》期间，伍尔夫阅读弗洛伊德的作品，从1939年3月霍加斯出版社出版的《摩西与一神论》开始。事实上，自1924年以来，他们一直在出版弗洛伊德所有作品的译本，由利顿的弟弟詹姆斯·斯特雷奇监管。1939年1月28日，伍尔夫和伦纳德前往汉普斯特德的梅尔斯菲尔德花园路20号拜访弗洛伊德。他们在他的诊疗室会面,虽然伍尔夫坐在椅子上,而不是沙发上,但她仍然觉得自己像个病人。据她写道,交谈内容触及希特勒和战争。伦纳德在他的回忆录中,对这次拜访弗洛伊德描写得很详细。1939年12月,伍尔夫再次投入到弗洛伊德的作品中,"为了给我的大脑一个更开阔的视野"。

1939年5月,由于隔壁的塔维斯托克广场正在进行的拆除工作造成噪音和动荡,伍尔夫夫妇又搬到不远处的科伦场东面的梅克伦堡广场37号。然而,他们大部分时间都待在蒙克屋。1939年8月29日,伍尔夫写给维塔的一封信中表明她的心境:

> 我不认为我有哲学头脑——相当麻木……园艺、玩保龄球、做饭;外面的世界如此荒芜黑暗。当然,我一点也不爱国,这可能是一种帮助,而不是害怕,我的意思是为了我自己的身体。但这是一具破败的躯体。尽管如此,我还想再活十年。

在这段令人不安的时期,伍尔夫转向非小说类文学作品的创作,开始写《罗杰·弗莱传》,这是一本难度大而令人沮丧的书,既因为它依赖于阻碍真相的事实,也因为它不可能讲述一个她非常熟悉之人的生活。伍尔夫并不想写《罗杰·弗莱传》,但她觉得这是她的责任,后来称之为

"一次自我压抑的实验"。(LETT，VI，456) 正如她所意识到的那样，这本书以事实为主写起来很费劲。(LETT，VI，456) 伍尔夫参加了弗莱的葬礼，葬礼的特色是音乐而不是口头悼词，她说，"我喜欢无言"，但她也突然强烈地对自己的死亡感到恐惧。(D，IV，243) 她再次失去信心，《岁月》一直是她情感上的透支，而一些评论家对以手稿形式流传的《三个基尼金币》充满敌意，这一切让她产生怀疑。1938年4月，当她开始创作《罗杰·弗莱传》时，怀揣一种尽义务的想法，与此同时她也开始写《波因茨府》，它后来叫做《幕间》。弗莱传记比她想象的更富有责任感，部分原因是它对她来说太涉及隐私了。她越是纠结，就越怀疑自己是否能写出来。从一开始，她就认为它不会是一本好书，伦纳德的评论证实了它的不足：这本书缺少《奥兰多》乃至《弗拉希》的想象力。

这本传记的一个重要特点是它对友谊的重视。对弗莱而言，"如果名字越来越无关紧要，人就越来越重要"。"他们有多重要"，她继续评论传记的局限性，"从他生命的一端到另一端，他如何生活在友谊之中，如何在一封又一封信中赞扬他的朋友——所有这些都不能通过名单来表达"。然而，她对弗莱的友谊保持缄默，与其说是因为伍尔夫想保护他，不如说她担心讲述得过于隐私或亲密。

讽刺的是，《罗杰·弗莱传》在1940年7月25日出版后不久，德国入侵英格兰南部的威胁几乎达到高潮。1940

年8月1日，维塔告诉伍尔夫，鉴于局势如此不明朗，她不建议晚上去拜访她。事实上，对入侵的担忧已经非常强烈，艾德里安·斯蒂芬给了伍尔夫和伦纳德致命剂量的吗啡，以便在遇袭时使用。关于这次可能的会面，伍尔夫在1940年8月6日回复维塔说："大卡车正把沙袋运到河边，大炮架在河岸上。快来吧，趁还没开火。"8月9日，维塔说，她已经把她的珠宝和遗嘱转移到一个更安全的地方——哈罗德·尼科尔森的哥哥埃里克家，在达特姆尔附近——转移的另一件珍宝是《奥兰多》的手稿。

1940年9月29日的一篇日记详细描述了伍尔夫和伦纳德所经历的恐惧：

> 它们（轰炸机）飞得很近。我们躺在树下。那声音就像有人在我们头顶上空拉大锯。我们匍匐在地。双手抱头。别咬紧牙关……炸弹把我的小屋窗子震得哗哗作响。它会掉下来吗，我暗自问道。如果是这样，我们将会一起受伤。我想，我想的是虚无——平平淡淡，我的心情变得平静。我想是有点害怕吧。(D, V, 16)

伍尔夫充分意识到这场迫在眉睫的战争，以及它对英国、她本人和伦纳德带来的潜在灾难——到1940年6月，纳粹已经攻入法国——伍尔夫把精力投向她的小说《幕间》，它穿越历史上的过去，窥见一个不确定的、阴云密布的未来。这些事件,加上对英国的实际攻击变得更加无情,使她这些年的生活和艺术作品流露出一种即使不是绝望、但也令人悲伤的气息。她在日记中写道,战争"摧毁了安全的外墙。没有回声。四周什么都没有……我们倒在悬崖边上……然后呢? 我无法想象会有 1941 年 6 月 27 日那天"。就在同一天,她试图"通过阅读弗洛伊德的书来集中精力"。(D, V, 299)

由于担心德国人入侵,他们会面临死亡,伦纳德手上留有汽油,到时候他们会在车库里吸入一氧化碳结束自己的生命。但是伍尔夫认为她应该写完《幕间》:"难道我不该给它画上句号吗? 完结可以让它变得生动,甚至给随意的日常生活带来欢乐和无所顾忌。"(D, V, 298)为了准备写小说,伍尔夫读伊丽莎白时期的戏剧,在 1941 年 2 月 1 日伦敦大轰炸期间,她写信给埃塞尔·史密斯讲述她的心得:"我跟你说过我要把英国文学通读一遍吗?"信的开头写道:

> 等我进入莎士比亚作品的意境时,炸弹从天而降。所以我安排好一场唯美的谢幕:读着莎士比亚的书,忘记戴防毒面具。我将渐渐地随风而逝,完全忘记……(LETT, VI, 466)

在《幕间》里,伍尔夫摒弃传统的叙事观念,相反,我们可以对人物的思想有一个零碎的了解。一个冷淡的叙述者把这一切结合在一起。一种观点很快取代另一种观点，《雅各的房间》和《海浪》都发展了这种写作技巧。小说的不同部分之间也没有正式的划分，没有章节或适当的停顿。叙述几乎悄无声息地在人物的主观观点和叙述者的客观观点之间游走。共鸣与重复有助于把文本结合起来。这部作品总的反讽之处在于，盛会的历史元素与观众上演的小型个人戏剧形成鲜明对比。

战争构建了伍尔夫成年后的大部分时期：第一次世界大战开始时她32岁；1941年3月，伦敦再次遭到轰炸，59岁的她结束了自己的生命。在1941年1月的空袭中，老贝利街中央刑事法庭、市政厅和克里斯托弗·雷恩设计的八座教堂严重受损或被摧毁。她在1940年8月6日的日记中写道："人们在岸边挖炮位。我散步时看见他们像一群忙碌的蚂蚁。"（D，V，310）1940年8月19日，伍尔夫写道："昨天一声轰鸣响起。它们就在我们头顶上。我望着飞机，就像一条小鱼望着咆哮的鲨鱼……据说有五架轰炸机正飞往伦敦。这是目前最贴近地面的一次。"（D，V，312）早在1940年6月14日德国占领巴黎那天，维塔、伦纳德和弗吉尼亚参观了肯特郡的彭斯赫斯特庄园。这是她第一次来这里，虽然她早就对它感兴趣，因为它曾是菲利普·西德尼爵士的家，而且她还写过一篇关于他的著作《阿卡狄亚》的长篇评论。

从 1940 年 8 月 31 日的日记开始，伍尔夫意识到英国终于受到攻击。维塔打来的一通电话让她很不安，因为维塔把话筒举得很高，这样伍尔夫就能听到炸弹的爆炸声。可滑稽的是，伍尔夫随后离开家，"去玩保龄球"，但当天晚上迟些时候，她家附近有"飞机呼啸而过"，"爆炸声不断"。(D, V, 314) 她对入侵的恐惧愈来愈强烈，她颇有预见性地补充道："我害怕吗？断断续续吧。最糟糕的是，一个人的大脑在第二天早晨就停止工作……这可能才是刚刚入侵……我要游到平静的水中。"(D, V, 314)

伍尔夫最初认为《幕间》是针对 20 世纪 30 年代黑暗的政治局势的一剂解毒药。1938 年 4 月，她在作品中寻求"一个散漫的、变幻不定但又以某种方式统一的整体"。(D, V, 135) 她也希望有一部作品能让她从《罗杰·弗莱传》中解脱出来，不安排任何写作计划，也不追求"文思的大开大合"。她只想写点东西"消遣一下"。(D, V, 135) 伍尔夫写给维塔的一封信中讲述了《幕间》的创作背景，并将小说发生的时间设定在 1939 年 6 月的二十四小时之内。这部作品在她死后出版。1940 年 8 月 30 日，伍尔夫写道："这儿非常安静——他们在玩保龄球——刚才我在你房间里放了些花。而你待的那个地方，周围有炸弹不断落下。"当拉特鲁布小姐试图在露天历史剧表演中重现英格兰的壮丽时，战争巧妙、隐晦地出现在《幕间》的情节中：从人物谈话到头顶上空响起轰炸机。尽管如此，伍尔夫开始写这本书是为了以戏谑调侃的方式来转移她的反战题材小说《三个基尼金币》引发的争议。但是伦敦大轰炸造成的破坏不仅是身体上的,还有心理上的,正如拉特鲁布小姐的观众对露天表演失去兴趣一样。就连那位爱说教的牧师,在对露天表演的主题高谈阔论时,也是心神不定:

> 斯特里特菲尔德先生停顿了片刻。他在倾听。他是不是听到了远处的什么音乐?……这个词被断成了两半,是嗡嗡的声音打断的。十二架飞机排成整齐的阵容,像一队飞翔的野鸭,朝着他们的头顶上方飞来。原来他刚才倾听的音乐就是这声音,观众张大嘴;观众凝望着。嗡嗡声变成了隆隆声。飞机飞过去了。(BA, 173-4)

在这部关于中断的小说中,所有的东西都变得破碎,包括英雄的想法——因为根本就没有英雄。贾尔斯·奥利弗是唯一一个对即将到来的战争视而不见的人;露西·斯威森是个达洛维式的人物,年纪大了,无能为力;拉特鲁布小姐因愤怒和不快停下来;有着诗人兼母亲双重身份的伊莎·奥利弗太太沉默寡言,不起什么作用。身份本身就"进退两难",每个人物都有多个昵称。不连贯、分裂,以及即将爆发的战争,都迫在眉睫。语言也反映出这种问题,伍尔夫写道:"词语结束了平躺在句子里的状态。"(BA, 55)

在露天表演结束时,反射观众的镜子表现出一种多重的、扭曲的、自我建构的人与人之间的差异观——并与奥利弗太太的"三折镜"相呼应,在这面镜子里,她能看到三个不同的自己。(BA,165,12)预料到这种情况的是露天表演本身,它分为三部分:开场白之后,第一个场景是莎士比亚式的浪漫对话;第二个场景是模仿复辟时期的喜剧;第三个场景是一幅维多利亚时代的全景画,以一位在海德公园指挥交通的警察为原型。最后一幕,"我们自己",当镜子登场突然扫向聚集的观众时,观众大吃一惊。

伍尔夫的最后一部小说《幕间》,就像她的第一部小说一样,关注点是地方,这次是一座英国乡间别墅,而不是像《远航》中那样在伦敦或南美。像她的第一部小说一样,这部小说再次大放异彩,并且在开头和结尾都引用了济慈的《希腊古瓮颂》。与伊莎贝拉空荡荡的餐厅相呼应的是立在房子中央的一个花瓶,"盛满了不变的、提炼过的空旷的本质——寂静"。(BA,34)济慈的"冰冷的牧歌"实际上描述的不仅仅是伊莎贝拉家的世界,还有《幕间》中的世界。最后场景是一道冉冉升起的帷幕,展现出一个不再遮风挡雨的祖传家园。这是奥利弗家族的波因茨宅,一所古老的宅子,如今已被拆除,一片荒芜——如同听起来"没有温度"的声音和"零落成泥碾作尘"的单音节词。(BA,135,191)语言、历史和英国已经分崩离析,或者说停止了,因为对伍尔夫而言,它们不久后将结束,正如下面这

段有先见之明的文字所暗示的那样:

> 博尔尼教堂的钟声总会突然停止,引得你发问:不会再响一下了吗?伊莎在草坪上走到半路,她倾听着……丁、当、丁……。不会再响了。(BA,186)

1940年9月他们待在蒙克屋时,梅克伦堡广场37号遭遇轰炸,他们的房子严重受损。1940年10月18日,塔维斯托克广场52号遭到严重袭击,后来参观现场时,伍尔夫看到一片断壁残垣,还对她的书房仅存的一面墙发表过评论。(D,V,331)在另一次参观时,她写道,即使乘公交车出门也是不可能的:"街道被炸毁,所以乘地铁去了教堂。我在昔日广场上荒凉的废墟中游荡:房屋有的弹痕累累,满目疮痍,有的被夷为平地;古老的红砖建筑都被炸成了齑粉。"(D,V,353)当月晚些时候,约翰·莱曼带人将霍加斯出版社从梅克伦堡广场搬到莱奇沃。12月时,伍尔夫的家具和书籍从伦敦被搬到洛德梅尔,存放在蒙克屋和村庄里。伍尔夫越来越感到"我们的生活没有未来"。(D,V,353)

伍尔夫自杀时,她和伦纳德一直住在蒙克屋,但总是焦虑不安。伦纳德想加入地方志愿军,而伍尔夫则宣称"思考就是战斗"。(D,V,285)即使在苏塞克斯,敌机也会从低空飞过,偶尔向乡村开火。入侵似乎迫在眉睫,因为伦纳德犹太人的身份,两人都害怕被捕。他们担心自己上了盖世太保的"黑名单"(一份逮捕名单)。后来发现他们确实名列其中。他们计划自杀。(D, V, 284-5)

《达洛维夫人》、之前的《雅各的房间》及之后的《到灯塔去》都谈到战争,有时拐弯抹角,有时直截了当,就像塞普蒂默斯·沃伦·史密斯的情况一样。但在这三部作品中,战死沙场从来不是英勇行为。战争,正如伍尔夫在《三个基尼金币》中强调的那样,绝不是一项高尚的事业。在达洛维夫人的见证下,一群16岁的新兵向白厅行进,展现出纪律性与不成熟、不确定性交织在一起的场景,突显了战争对生命的漠视。(MD, 43-4)

在这段时间里,伍尔夫体会到越来越多的绝望,直至无法忍受。头痛、失眠、焦虑和无法集中注意力是它发起猛烈攻击的标志。她对《幕间》的价值产生怀疑,并写信给霍加斯出版社的前经理、现任合伙人约翰·莱曼,建议不要出版它。在接下来的日子里,她拒绝休息,吃得很少。伦纳德写道:"她的思想脱离控制;她害怕发疯。"她的最后一位医生奥克塔维亚·威尔伯福斯在一封信中说,她对语言失去了控制,变得反应过度。

在完成《幕间》及其修订稿之后,紧张不安、意志消沉的伍尔夫需要一个新项目,而不是一本更具批判性的散文集《随意阅读》,她突然想创作一幅"活生生的肖像",或者用她朋友的话来说,就是一幅画。她第一个想到的是奥克塔维亚·威尔伯福斯,后者已经成为另一个、也可能是她最后一个女性朋友。伍尔夫已经构思出奥克塔维亚在一个叫拉文顿的乡村房子里度过的童年时光。奥克塔维亚起初反对,后来同意了,觉得这对她来说是个机会,用她"缺乏分析能力的头脑……和一个天生的明白人交谈"。奥克塔维亚注重实际的本性,与伍尔夫持续不断但是乏力的自我分析形成鲜明对比。正如伍尔夫本人所理解的那样,"职业至关重要",虽然她身体衰弱,没法正式动笔创作奥克塔维亚的"肖像",但是她们的会面对伍尔夫来说是个机会,她向奥克塔维亚讲述,在她母亲死后,她父亲身陷悲痛所成的影响,以及他对她和她姐姐的巨大情感诉求。

弗吉尼亚半身像,立于东苏塞克斯的蒙克屋花园

(D, V, 358) 她向奥克塔维亚倾诉:"我从来不记得有什么乐趣可言。"

3月28日,就在她前往布莱顿拜访奥克塔维亚的第二天,伍尔夫离开蒙克屋,在楼上起居室的桌子上留下两封信,一封给瓦妮莎,另一封给伦纳德。第三封信可能是3月18日匆匆写给伦纳德的,放在她花园里写作室的桌子上。给瓦妮莎的信似乎是3月23日写的;给伦纳德的信是在那之后不久写的。这两封信都被保存下来。给瓦妮莎的信结尾写道:

> 我几乎不能清晰地思考了。如果可以,我会告诉你,你和孩子们对我来说意味着什么。我想你懂的,我一直在与之作斗争,但我不能再这样下去了。

1941年3月18日写给伦纳德的信是这样开头的:

> 我确信我又要发疯了。我觉得我们再也不能经历那种可怕的时刻。而且这次我也不会好……所以我在做看起来是最好的选择。你已经给我最大的幸福……我认为在这场可怕的疾病到来之前,没有哪两个人能如此幸福……我一生的幸福全归功于你……一切都已离我远去,除了你的善良。

第二封信可能是1941年3月28日写的,开头还是讲伦纳德如何给予她"十足的幸福",但她也意识到自己的身体状况永远无法恢复。"我只想说,"她写道,"在这种疾病出现之前,我们过得非常幸福,这全部归功于你。"最后写道:"你能把我的所有文稿都销毁吗?"

正午时分,伍尔夫走了半英里来到欧塞河,把一块大石头塞进皮大衣的口袋里。她会游泳,却跳入河中强行将自己淹死。伦纳德发现她的遗书后,急忙冲到河岸,只看见漂浮在水面上的手杖,尽管疯狂地搜寻,她的尸体大约三个星期都没有找到。1941年4月18日,几个骑自行车的十几岁少年在河下游不远处发现了它,最初以为那是一根浮木。次日进行的验尸结论为"精神失衡导致自杀"。在尸体被发现之前,维塔认为找不到伍尔夫的尸体会更好,因为"河流潮起潮落……她可能被带到海上。她热爱大海"。

在伍尔夫的尸体被发现之前,奥克塔维亚与伦纳德商量过,她认为战争可能会重新唤起伍尔夫对再次精神崩溃的恐惧,就像她在第一次世界大战爆发之前和其间经历的那样。奥克塔维亚离开后,伦纳德写下一段话(未标日期)承认:"我知道她淹死了,但还是听到她从门口进来。我知道这是最后一页,但还是把它翻了过去。"从一开始,从她很早对泰坦尼克号的沉没感到好奇开始,伍尔夫、大海和死亡就紧密地结合在一起。她没有那种沉入深渊、如梦幻般坠入海底的抒情感觉,她知道这样的行动不会轻易发生。必须把石头放入口袋。于是她这么做了。

利顿·斯特雷奇与伍尔夫在嘉辛顿的花园里抽烟,1923年。

4月21日,弗吉尼亚·伍尔夫的遗体被火化,只有伦纳德在场。她的骨灰埋在蒙克屋后面花园外的一棵大榆树下,这是以伍尔夫夫妇命名的"伦纳德与弗吉尼亚"两棵榆树中的一棵。她的墓志铭是《海浪》的结束语:"哦,死亡!我要纵身向你扑去,永不服输,永不屈服!"

弗吉尼亚·伍尔夫的临终遗言是:"你能把我的所有文

稿都销毁吗？"这句话写在她留给伦纳德的遗书的空白处，不清楚要他毁掉什么"文稿"——她最后一部小说《幕间》的打字稿，关于英国文学史的著作《阿农》的第一章，还是她的众多日记和信件？如果伍尔夫希望所有这些文稿都被销毁的话，伦纳德违背了她的意愿。他将她的小说出版，把她重要的日记编入《作家日记》中，并精心保存她的所有手稿、日记和信件，从而将伍尔夫字里行间都能捕捉到的独特声音和个性保留下来。伦纳德继续经营霍加斯出版社，直到1946年将其卖给查托与温都斯书局。他一直住在蒙克屋，直至1969年去世。

终曲

我像一片浮云掠过海浪。

弗吉尼亚·伍尔夫（D, III, 218）

那些认识伍尔夫的人经常被问到，她是一个愁眉苦脸的人，还是一个忧郁的人。伊丽莎白·鲍恩就是其中的一位。她承认在伍尔夫面前：

> 人们不能不意识到一股潜流，常常是悲伤、忧郁和更大的恐惧。但她给人的主要印象是一个充满笑声和活力的人……她把快乐传给别人的能力非同寻常。

鲍恩记得她的笑声是"一种强烈的、令人窒息的、使人快乐的尖叫。这是我一直以来的感受"。

安吉莉卡·加内特印象中的伍尔夫：

从不平静,从不好好休息。即使是茶余饭后她和朋友坐在一起,灯光下膝盖瘦骨嶙峋,烟不离手,对别人的举动还是饶有兴趣。

那么布卢姆斯伯里团体呢?我们无法给出最后的结论,部分原因是众多的聚会持续了近二十年,他们彼此分享着爱、友谊和死亡。丽贝卡·韦斯特给出一个讽刺而无情的总结,她在说到布卢姆斯伯里团体时,引用了《追忆似水年华》:

> 那群人很像维尔迪兰夫人家族的人,但他们认为自己是盖尔芒特家族的;有趣的是,他们都读过普鲁斯特的书,也看到了自己的情况被分析得纤细入微,却并没有意识到这一点。

这种差别令人震惊,但并非不准确。维尔迪兰家族是先锋,吸引着先锋派和艺术家的后起之秀们;而盖尔芒特家族声名显赫。但布卢姆斯伯里团体的核心人物并不是维尔迪兰夫人,而是弗吉尼亚·伍尔夫,讽刺的是,她发现自己对普鲁斯特笔下的几个人物并不熟悉。对韦斯特而言,伍尔夫有时更像是一个幽灵,而不是一个活生生的存在。

弗吉尼亚·伍尔夫最早的作品是匿名出版的,但当她去世时,她可能是英语世界最著名的女性小说家。在公共生活中,她似乎展示着自己的才华,而在私底下,她却隐藏着精神上的绝望。正如她谈到简·卡莱尔时所说的,"事实上,很少有人能在纸上塑造出如此辉煌的自我形象",却让自己的个人生活如此封闭。尽管历经起起落落,她还是名满全球,大受欢迎。正如她曾经写的那样,"吾如大树生根于斯,亦若江河奔腾流淌"。她提醒自己和读者:"每一天,我都在开掘——都在求索。我在沙堆里找到了自己的遗骸。"(W,83,104)

参考书目

作品

The Voyage Out (1915)
'A Mark on the Wall', *Two Stories* (1917)
'Kew Gardens' (1919)
Night and Day (1919)
Monday or Tuesday (1921)
Jacob's Room (1922)
The Common Reader: First Series (1925)
Mrs Dalloway (1925)
To the Lighthouse (1927)
Orlando: A Biography (1928)
A Room of One's Own (1929)
The Waves (1931)
The Common Reader: Second Series (1932)
Flush: A Biography (1933)
The Years (1937)
Three Guineas (1938)
Roger Fry: A Biography (1940)

遗著

Between the Acts (1941)
The Death of the Moth and Other Essays, ed. Leonard Woolf (1942)
A Haunted House and Other Short Stories, ed. Leonard Woolf (1943)

The Moment and Other Essays, ed. Leonard Woolf (1947)

The Captain's Death Bed and Other Essays, ed. Leonard Woolf (1950)

A Writer's Diary ed. Leonard Woolf (1953)

Granite and Rainbow, ed. Leonard Woolf (1958)

Essays, in *Contemporary Writers*, ed. Jean Guiguet (1965)

Collected Essays, vols i–iv, ed. Leonard Woolf (1966–7)

A Cockney's Farming Experiences (juvenilia), ed. Suzanne Henig (1972)

Mrs Dalloway's Party (short stories), ed. Stella McNichol (1973)

The Flight of the Mind: Collected Letters, vol. i: *1888–1912*, ed. Nigel Nicolson with Joanne Trautmann (1975)

Moments of Being (1976), 2nd edn, ed. Jeanne Schulkind (1985)

Freshwater: A Comedy, ed. Lucio P. Ruotolo (1976)

The Question of Things Happening: Collected Letters, vol. ii: *1912–22*, ed. Nigel Nicolson with Joanne Trautmann (1976)

The Diary of Virginia Woolf, vol. i: *1915–19*, ed. Anne Olivier Bell (1977)

Books and Portraits: Some Further Selections from the Literary and Biographical Writings of Virginia Woolf, ed. Mary Lyon (1977)

A Change of Perspective: Collected Letters, vol. iii: *1923–8*, ed. Nigel Nicolson and Joanne Trautmann (1977)

The Diary of Virginia Woolf, vol. ii: *1920–24*, ed. Anne Olivier Bell with Andrew McNeillie (1978)

A Reflection of the Other Person: The Letters of Virginia Woolf, vol. iv: *1929–31*, ed. Nigel Nicolson and Joanne Trautmann (1978)

Virginia Woolf: Women and Writing (selected essays), ed. Michele Barrett (1979)

The Sickle Side of the Moon, Collected Letters, vol. v: *1932–5*, ed. Nigel Nicolson and Joanne Trautmann (1979)

The Diary of Virginia Woolf, vol. iii, ed. Anne Olivier Bell with Andrew McNeillie (1980)

Leave the Letters Till We're Dead, *Collected Letters*, vol. vi: *1936 - 41*, ed. Nigel Nicolson with Joanne Trautmann (1980)

The Diary of Virginia Woolf, vol. iv, ed. Anne Olivier Bell with Andrew McNeillie (1982)

The Diary of Virginia Woolf, vol. v, ed. Anne Olivier Bell with Andrew McNeillie (1984)

The Complete Shorter Fiction of Virginia Woolf, ed. Susan Dick (1985)

The Essays of Virginia Woolf, ed. Andrew McNeillie, 3 vols (1986 - 8)

Congenial Spirits: The Selected Letters of Virginia Woolf, ed. Joanne Trautmann Banks (1989)

A Moment's Liberty: The Shorter Diary of Virginia Woolf, ed. Anne Oliver Bell (1990)

A Passionate Apprentice: The Early Journals, 1897 - 1900, ed. Mitchell A. Leaska (1990)

Paper Darts: The Illustrated Letters, ed. Frances Spalding (1991)

A Woman's Essays: Selected Essays, vol. i, ed. Rachel Bowlby (1992)

Selected Short Stories, ed. Sandra Kemp (1993)

The Crowded Dance of Modern Life: Selected Essays, vol. ii, ed. Rachel Bowlby (1993)

Travels with Virginia Woolf (travel writings), ed. Jan Morris (1993)

The Essays of Virginia Woolf, vol. iv, ed. Andrew McNeillie (1994)

The Essays of Virginia Woolf, vol. v, ed. Stuart N. Clarke (2009)

The Essays of Virginia Woolf, vol. vi, ed. Stuart N. Clarke (2011)

传记作品

Bell, Quentin, *Virginia Woolf: A Biography*, 2 vols (London, 1973)

Caws, Mary Ann, *Women of Bloomsbury: Virginia, Vanessa and Carrington* (New York, 1990)

Edel, Leon, *Bloomsbury: A House of Lions* (Philadelphia, PA, 1979)

Forrester, Viviane, *Virginia Woolf*, trans. Jody Gladding (New York, 2015)

Gordon, Lyndall, *Virginia Woolf: A Writer's Life* (Oxford, 1984)

Harris, Alexandra, *Virginia Woolf* (London, 2011)

King, James, *Virginia Woolf* (London, 1994)

Leaska, Mitchell, *Granite and Rainbow: The Hidden Life of Virginia Woolf* (New York, 1998)

Lee, Hermione, *Virginia Woolf* (London, 1996)

Marder, Herbert, *The Measure of Life: Virginia Woolf's Last Years* (Ithaca, NY, 2000)

Poole, Roger, *The Unknown Virginia Woolf*, 4th edn (Cambridge, 1995)

Rose, Phyllis, *Woman of Letters: A Life of Virginia Woolf* (New York, 1978)

关于伍尔夫的作品

Anscombe, Isabelle, *Omega and After: Bloomsbury and the Decorative Arts* (London, 1981)

Bell, Quentin, *Bloomsbury* (London, 1986)

Bell, Vanessa, *Selected Letters of Vanessa Bell*, ed. Regina Marler (New York, 1993)

Bennett, Arnold, 'Is the Novel Decaying?', *Cassell's Weekly* (28 March 1923), in *Virginia Woolf: The Critical Heritage*, ed. Robin Majumdar and Allen McLaurin (London, 1975), pp. 112–14

Brosnan, Leila, *Reading Virginia Woolf's Essays and Journalism: Breaking the Surface of Silence* (Edinburgh, 1997)

Caramagno, Thomas C., *The Flight of the Mind: Virginia Woolf's Art and Manic—depressive Illness* (Berkeley, CA, 1992)

Chan, Evelyn Tsz Yan, *Virginia Woolf and the Professions* (Cambridge, 2014)

Curtis, Anthony, *Virginia Woolf: Bloomsbury & Beyond* (London, 2006)

Curtis, Vanessa, *The Hidden Houses of Virginia Woolf and Vanessa Bell* (London, 2005)

——, *Virginia Woolf's Women* (London, 2002)

Dalsimer, Katherine, *Virginia Woolf: Becoming a Writer* (New Haven, CT, 2001)

DeSalvo, Louise, *Virginia Woolf: The Impact of Childhood Sexual Abuse on her Life and Work* (Boston, MA, 1989)

Dubino, Jeanne, ed., *Virginia Woolf and the Literary Marketplace* (New York, 2010)

——et al., eds, *Virginia Woolf: Twenty-first-century Approaches* (Edinburgh, 2015)

Eaton, John P., and Charles A. Hass, *Titanic: Triumph and Tragedy*, 2nd edn (New York, 1995)

Forster, E. M., *Virginia Woolf* (Cambridge, 1942)

Froula, Christine, *Virginia Woolf and the Bloomsbury Avant-garde: War, Civilization, Modernity* (New York, 2005)

Gillespie, Diane F., ed., *The Multiple Muses of Virginia Woolf* (New York, 1993)

Glendinning, Victoria, *Leonard Woolf: A Biography* (New York, 2006)

——, *Vita: The Life of V. Sackville-West* (London, 1983)

Gualtieri, Elena, *Virginia Woolf's Essays: Sketching the Past* (London, 2000)

Hancock, Nuala, *Charleston and Monk's House: The Intimate House Museums of Virginia Woolf and Vanessa Bell* (Edinburgh, 2012)

Humm, Maggie, ed., *Edinburgh Companion to vw and the Arts* (Edinburgh, 2010)

Hussey, Mark, *Virginia Woolf A to Z* (New York, 1995)

Kirkpatrick, B. J., and Stuart N. Clarke, *A Bibliography of*

Virginia Woolf, 4th edn (Oxford, 1997)

Koppen, R. S., *Virginia Woolf, Fashion and Literary Modernity* (Edinburgh, 2011)

Laurence, Patricia, *Lily Briscoe's Chinese Eyes: Bloomsbury, Modernism and China* (Columbia, SC, 2003)

Lehmann, John, *Thrown to the Woolfs: Leonard and Virginia Woolf and the Hogarth Press* (New York, 1978)

Lounsberry, Barbara, *Becoming Virginia Woolf: Her Early Diaries and the Diaries She Read* (Gainesville, FL, 2014)

Love, Jean O., *Virginia Woolf: Sources of Madness and Art* (Berkeley, CA, 1977)

Marcus, Jane, ed., *Virginia Woolf and Bloomsbury: A Centenary Celebration* (London, 1987)

——, *Virginia Woolf and The Languages of Patriarchy* (Bloomington, IN, 1987)

Marcus, Laura, *Virginia Woolf: Writers and their Work*, 2nd edn (Devon, 2004)

Nicolson, Nigel, *Portrait of a Marriage: Vita Sackville-West and Harold Nicolson* (London, 1973)

Noble, Joan Russell, ed., *Recollections of Virginia Woolf by Her Contemporaries* (New York, 1972)

Oldfield, Sybil, ed., *Afterwords: Letters on the Death of Virginia Woolf* (New Brunswick, NJ, 2005)

Philips, Kathy J., *Virginia Woolf against Empire* (Knoxville, TN, 1994)

Raitt, Suzanne, *Vita and Virginia: The Work and Friendship of V. Sackville-West and Virginia Woolf* (Oxford, 1993)

Randall, Bryony, and Jane Goldman, eds, *Virginia Woolf in Context* (Cambridge, 2012)

Reed, Christopher, *Bloomsbury Rooms: Modernism, Subculture, and Domesticity* (New Haven, CT, 2004)

Reinhold, Natalya, ed., *Woolf Across Cultures* (New York, 2004)

Rolls, Jan Ondaatje, *The Bloomsbury Cookbook: Recipes for Life, Love and Art* (London, 2014)

Rosenbaum, S. P., ed., *The Bloomsbury Group: A Collection of Memoirs, Commentary and Criticism* (Toronto, 1975)

Rosner, Victoria, ed., *The Cambridge Companion to the Bloomsbury Group* (Cambridge, 2014)

Sackville-West, Vita, *The Letters of Vita Sackville-West to Virginia Woolf*, ed. Louise DeSalvo and Mitchell A. Leaska (New York, 1985)

Sellers, Susan, ed., *The Cambridge Companion to Virginia Woolf* (Cambridge, 2010)

Shone, Richard, *The Art of Bloomsbury: Roger Fry, Vanessa Bell and Duncan Grant*, with essays by James Beechey and Richard Morphet (Princeton, NJ, 1999)

——, *Bloomsbury Portraits: Vanessa Bell, Duncan Grant and their Circle* (Oxford, 1976)

Silver, Brenda R., *Virginia Woolf Icon* (Chicago, IL, 1999)

——, *Virginia Woolf's Reading Notebooks* (Princeton, NJ, 1983)

Smith, Angela, *Katherine Mansfield and Virginia Woolf: A Public of Two* (Oxford, 1999)

Spalding, Frances, *The Bloomsbury Group*, 2nd edn (London, 2013)

——, *Virginia Woolf: Art, Life and Vision* (London, 2014)

Sproles, Karyn Z., *Desiring Women: The Partnership of Virginia Woolf and Vita Sackville-West* (Toronto, 2006)

Stape, J. H., *Virginia Woolf: Interviews and Recollections* (London, 1995)

Sutton, Emma, *Virginia Woolf and Classical Music: Politics, Aesthetics, Form* (Edinburgh, 2013)

Willis, J. H., *Leonard and Virginia Woolf as Publishers: The Hogarth Press, 1917–1941* (Charlottesville, VA, 1992)

Wilson, Duncan, *Leonard Woolf: A Political Biography* (London, 1978)

Wood, Alice, *Virginia Woolf's Late Cultural Criticism: The Genesis of 'The Years', 'Three Guineas' and 'Between the Acts'* (London, 2013)

Woolf, Leonard, *An Autobiography*, intro. Quentin Bell, vol. i: *1880-1911*, vol. ii: *1911-69* (Oxford, 1980)

——, *Letters of Leonard Woolf*, ed. Frederic Spotts (San Diego, CA, 1989)

Zwerdling, Alex, *Virginia Woolf and the Real World* (Berkeley, CA, 1986)

致谢

在那些帮助我领会弗吉尼亚·伍尔夫和她的世界的人中，我要表达感谢的是海伦·伍索，西蒙弗雷泽大学继续研究院前院长，她为我提供了在第 23 届国际弗吉尼亚·伍尔夫大会上讨论《三枚金币》的机会；悉尼大学的马克·拜伦，2014 年 12 月他慷慨地邀请我在一个跨地区现代主义论坛上就伍尔夫和东方主义发表演讲；还有两位现已退休的不列颠哥伦比亚大学前同事：约翰·赫尔库普和约翰·X·库珀，前者是伍尔夫的早期狂热者，后者则是一个现代主义"生活达人"。布伦达·马多克斯仍然是一位鼓舞人心的传记作家，他充满活力、智慧和良好的判断力，能够选择引人入胜的题材，而迈克尔·莱曼有信心让我有机会从另一个角度继续探讨伍尔夫。更广泛地说，众多伍尔夫学者的工作为其他人铺平了道路。我很感激他们。然而，如果没有我女儿达拉和儿子瑞安的幽默和周到的支持，我就不可能对伍尔夫进行研究和写作，而安妮·麦肯齐则阅读了所有相关文本，与我一起访问关键网站，不断深入了解伍尔夫、伦纳德和维塔·萨克维尔-韦斯特的心理构成，并使我免受大大小小的困惑。

图片鸣谢

作者和出版商希望对以下说明性材料的来源和（或）复制它的许可表示感谢：

Photo Alexander Turnbull Library, Wellington, New Zealand (Ref. mnz - 2532 - 1/2 - F): p. 112; photos. the Charleston Trust: pp. 19, 104 (photo. Tony Tree on behalf of the Charleston Trust); photos Houghton Library, Harvard College Library, Cambridge, Massachusetts (Harvard Theatre Collection): pp. 21, 25, 102, 123, 126, 130, 164, 188; photo Mortimer Rare Book Room, Smith College, Library, Northampton, Massachusetts (Leslie Stephen Photograph Album): p. 22; photo Myrabella: p. 60 (this file is licensed under the Creative Commons Attribution - Share Alike 3.0 Unported license, and any reader is free to share — to copy, distribute and transmit the work, or to remix — to adapt the work, under the following conditions — you must attribute the work in the manner specified by the author or licensor, but not in any way that suggests that they endorse you or your use of the work); photos National Portrait Gallery, London: pp. 13,

37, 49, 61, 69, 70, 83, 103, 106, 117, 120, 162, 173; photos. National Trust Photo Library: pp. 113, 114, 174, 186; photos Ramsey and Muspratt collection, reproduced courtesy of Peter Lofts: pp. 149, 155; photoSpudgun67: p. 92 (this file is licensed under the Creative Commons Attribution 2.0 Generic license, and any reader is free to share — to copy, distribute and transmit the work, or to remix — to adapt the work, under the following conditions — you must attribute the work in the manner specified by the author or licensor, but not in any way that suggests that they endorse you or your use of the work); photos Tate, London: pp. 11, 52, 84, 105, 107.

* 以上图片页码均为原版书页码

著译者

作者 | 埃拉·纳德尔 IRA NADEL

加拿大不列颠哥伦比亚大学英语系杰出教授,著名文学评论家和传记作家,加拿大皇家学会委员。

译者 | 郁青

上海师范大学人文学院副教授,专攻英美文学研究与翻译。出版有专著《海明威传》;译作《丛林故事》《铁路边的孩子们》等。

图书在版编目(CIP)数据

弗吉尼亚·伍尔夫 / (加) 埃拉·纳德尔著；郁青译.
-- 上海：上海文艺出版社, 2023
(知人系列)
ISBN 978-7-5321-8375-3

Ⅰ.①弗… Ⅱ.①埃… ②郁… Ⅲ.①伍尔夫(Woolf, Virginia 1882-1941)
—传记 Ⅳ.①K835.615.6
中国版本图书馆CIP数据核字(2022)第175608号

Virginia Woolf by Ira Nadel was first published by Reaktion Books,
London, UK, 2016, in the Critical Lives Series.
Copyright © Ira Nadel, 2016
著作权合同登记图字：09-2020-074号

发 行 人：毕　胜
责任编辑：崔　莉
封面设计：朱云雁
书　　名：弗吉尼亚·伍尔夫
作　　者：[加] 埃拉·纳德尔
译　　者：郁青
出　　版：上海世纪出版集团　上海文艺出版社
地　　址：上海市闵行区号景路159弄A座2楼 201101
发　　行：上海文艺出版社发行中心
　　　　　上海市闵行区号景路159弄A座2楼206室 201101 www.ewen.co
印　　刷：浙江中恒世纪印务有限公司
开　　本：787×1092　1/32
印　　张：8.375
插　　页：3
字　　数：119,000
印　　次：2023年3月第1版 2023年3月第1次印刷
I S B N：978-7-5321-8375-3/K.453
定　　价：49.00元
告 读 者：如发现本书有质量问题请与印刷厂质量科联系　T：0571-88855633

I 知人
cons

知人系列

爱伦·坡：有一种发烧叫活着
塞林格：艺术家逃跑了
梵高：一种力量在沸腾
卢西安·弗洛伊德：眼睛张大点
阿尔弗雷德·希区柯克：他知道得太多了
大卫·林奇：他来自异世界
汉娜·阿伦特：活在黑暗时代

弗吉尼亚·伍尔夫
伊夫·克莱因
伦纳德·伯恩斯坦
兰波
塞缪尔·贝克特
约瑟夫·博伊斯
贝托尔特·布莱希特
德里克·贾曼
康斯坦丁·布朗库西

（即将推出）

可可·香奈儿

谢尔盖·爱森斯坦

三岛由纪夫

乔治亚·欧姬芙

马拉美

索伦·克尔凯郭尔

巴勃罗·聂鲁达

赫尔曼·麦尔维尔

伊戈尔·斯特拉文斯基

托马斯·曼

维克多·雨果